Jan Badewien

Die Anthroposophie
Rudolf Steiners

MÜNCHENER REIHE
im Evangelischen Presseverband für Bayern

Begründet von Friedrich-Wilhelm Haack
Im Auftrag von Inge Haack
herausgegeben von Thomas Gandow

1. Auflage 1994
Verlag: Evangelischer Presseverband für Bayern, 80636 München
Abteilung: Schriftenmission
Alle Rechte, auch die des auszugsweisen Nachdrucks,
der photomechanischen Wiedergabe und der Übersetzung, vorbehalten.
Herstellung: Heidrun Barth
Umschlaggestaltung: Ute Gandow
Satz und Druck: Jos. C. Huber KG, Dießen

ISBN 3-583-50662-6

INHALT

Vorwort

Über die Anthroposophie ein kleines Büchlein zu schreiben, erscheint vermessen. Die theoretische Grundlage dieser Weltanschauung ist breit: Ihr Gründer, Rudolf Steiner, hat ein Lebenswerk an Büchern, Aufsätzen und Vorträgen hinterlassen, das in der Gesamtausgabe mehr als 350 Bände füllt. Hinzu kommen die Entwicklungen, die die Weltanschauung und ihre praktischen Einrichtungen in vielen Lebensbereichen seither gemacht haben und die auch ihren Niederschlag in einer umfangreichen Literatur gefunden haben.

Wenn dennoch versucht wird, einige Grundzüge anthroposophischen Denkens und Handelns zu beschreiben, so deshalb, weil an Theorie und Praxis der Anthroposophie wie an kaum einer anderen philosophisch-religiösen Weltanschauung deutlich wird, welche Herausforderungen für eine christliche Kirche (und für eine christliche Ortsgemeinde) die derzeitige geistige Situation enthält. Herausforderungen, ihren Glauben verständlich auszusprechen, diesen Glauben sachlich zu begründen und diesem Glauben entsprechende Lebensformen zu schaffen.

Wenn Anthroposophie heute in unserer Gesellschaft eine angesehene Größe ist, verdankt sie dies nicht so sehr ihrer «Theorie» – die ist immer noch weithin unbekannt. Sondern sie verdankt dies einer Praxis, die mutig und selbstbewußt Alternativen zur allgemein üblichen gesellschaftlichen Praxis geschaffen hat. Und dies vor allem in jenen Lebensbereichen, in denen zunehmend Defizite empfunden werden, in denen der Weg der aufgeklärt-cartesianischen Naturwissenschaft und Technik zur Sackgasse zu werden droht. Genannt seien Pädagogik und Sonderpädagogik, Medizin, Pharmakologie und Landwirtschaft. Darüber hinaus werden anthroposophische Impulse auch in kreativen, künstlerischen Kreisen als pluralistische Bereicherung angesehen (Kunst, Architektur, Theater, Eurythmie).

Für die Kirche und ihre Träger ist die Anthroposophie in einer weiteren Weise eine lebendige Herausforderung: sie propagiert Ehrfurcht vor allem Lebendigen als Teilhabe am Göttlichen und versucht, dies auch in ihrer Lebensweise deutlich zu machen. Wo selbst in der Kirche (z. B. im kirchlichen Unterricht) derzeit Ehrfurcht und Empfindungen für Erhabenes, Göttliches kaum vermittelt werden können, wo der Trend zur Einebnung alles Besonderen und alles Religiösen ins

Profane und Banale geht, zeigt der anthroposophische Sektor unserer Gesellschaft, daß diese Entwicklung nicht zwingend ist.

Es werden im Folgenden vor allem jene Aspekte der Anthroposophie angesprochen, die zu zentralen Bereichen biblisch-christlicher Überlieferung und des daraus resultierenden christlichen Glaubens Stellung nehmen[1]. Die anderen Bereiche kommen nur am Rande in den Blick.

Ich danke der Evangelischen Landeskirche in Baden für die Möglichkeit eines Studiensemesters im Sommer 1993, in dessen Verlauf der Hauptteil dieses Büchleins geschrieben werden konnte. Ich danke guten Freunden für viele Gespräche, ich danke Frau Hanneli Schott und anderen Freunden für die kritische Durchsicht des Manuskripts. Die Arbeit ist meinen Kindern Nils, Dirk, Meike und Jonas gewidmet.

Jan Badewien, Überlingen, im Januar 1994

1. Die Aktualität anthroposophischer Praxis

Viele Menschen sind heutzutage unzufrieden mit den Institutionen des Staates. In unserer Zeit wird deutlich, daß mancher Weg unserer Gesellschaft zur Sackgasse zu werden droht und daß es überlebenswichtig ist, neue Wege zu gehen. Viele Eltern und Schüler verzweifeln an den kommunalen Schulen, die nur an Leistung orientiert sind und deren Lehrpläne und Organisationsform bei jeder neuen Wahl neu geregelt werden. Patienten mißtrauen der Schulmedizin und haben Angst vor ihrer oft komplexen Technik, die kaum verstanden wird und daher oft ein Gefühl der Ohnmacht hervorruft. Ernährungsbewußte Konsumenten stehen den Nahrungsmitteln im Supermarkt kritisch gegenüber. Mangelnde und halbherzige Reaktionen auf die ökologische Problematik der Industrie und der modernen Landwirtschaft sind kritischen Menschen zum Ärgernis geworden. Das Unbehagen an der zeitgenössischen Gesellschaft und ihrer Kultur ist überall zu greifen. Wer sich mit dem Unbehagen nicht zufrieden gibt, sondern andere Lebensformen sucht, der findet in fast allen Städten Deutschlands alternative Einrichtungen, die sich auf die «Anthroposophie» zurückführen. In fast jeder Region stehen Freie Waldorfschulen und -kindergärten, gibt es Ärzte, die nach den Grundsätzen anthroposophischer Medizin praktizieren. Überall sind pharmazeutische und kosmetische Präparate von Weleda und Wala erhältlich, und besondere Geschäfte (z. B. «Naturata») verkaufen «biologisch-dynamisch» erzeugte landwirtschaftliche Produkte unter dem Namen der griechischen Erdgöttin «Demeter».
Viele Patienten haben anthroposophische Krankenhäuser schätzen gelernt, in denen ihnen Wärme und Zuneigung entgegengebracht wurden. Besonders bekannt geworden ist das Krankenhaus in Witten-Herdecke, das zugleich zur Zelle der ersten privaten (und anthroposophischen) Universität wurde. Vielerorts bemühen sich auch heilpädagogische Einrichtungen und Dorfgemeinschaften um die Betreuung von Behinderten. Eurythmieschulen, Buchhandlungen und Galerien, Theateraufführungen der Bühnen am Goetheanum in Dornach und viele andere Angebote bereichern das kulturelle Leben unserer Städte.
Kurz: Leben aus anthroposophischem Geist hat sich in allen größeren und vielen kleineren Orten Deutschlands etabliert und bietet Alternativen zum üblichen gesellschaftlichen Angebot. All diese Einrichtun-

gen werden mit großem Einsatz zahlreicher Mitarbeiter und Mitarbeiterinnen geführt und haben sich den Ruf erworben, profilierte und bewährte Alternativen in vielen Lebensbereichen zu sein.

Aber: Wer von all denen, die sich dieser Einrichtungen bedienen, denkt dabei an ihre Weltanschauung? Wer denkt an das Menschenbild, wenn eine Schule eine naturnahe, soziale und kreative Pädagogik verspricht – und wer an Naturgeister und -gottheiten, wenn biologisch-dynamische Produkte auf dem Markt angeboten werden? So haben sich die Produkte, die «Früchte» auf dem Zweig der Anthroposophie ihren hohen Stellenwert in unserer Gesellschaft erworben, ohne daß ihre Wurzel bekannt ist.

Diese Wurzel ist eben nicht «nur» eine lebensreformerische Bewegung. Wenn wir zurückfragen nach dem, was all diese so unterschiedlichen Einrichtungen verbindet, stoßen wir auf eine ausgeformte Weltanschauung, die nicht nur praktisch-lebensreformerisch ausgerichtet ist, sondern die beansprucht, eine «Geisteswissenschaft» zu sein. Diese «Geisteswissenschaft», die «Anthroposophie», die «Weisheit vom Menschen», fragt nach dem Woher und Wohin des Menschen und übersteigt dabei die Grenzen von Geburt und Tod. Sie fragt nach Gott bzw. dem Göttlichen und nach der Bedeutung Jesu Christi für die Entwicklung des Menschen. Dabei befaßt sie sich intensiv mit den Schriften des Neuen Testaments. Sie entwickelt eine Vorstellung vom Ziel des Menschen (theologisch gesprochen: vom Heil des Menschen) und vom Weg dorthin. Anthroposophie bewegt sich also in jenen Bereichen, die für die christlichen Kirchen zentral sind und massiv den Glauben betreffen. Daher müssen sich die Kirchen und die Theologen mit dieser Anthroposophie auseinandersetzen – und sie tun es in zunehmender Weise. Dabei geht es nicht um Polemik und Besserwisserei, sondern um die Ermöglichung eines echten Dialogs, zu dessen Vorbedingung es gehört, Gemeinsamkeiten und Unterschiede zu formulieren. Es muß gefragt werden, auf welche Sehnsüchte, welche Fragen die Anthroposophie antwortet, auf welche Defizite die Anthroposophie hinweist. Es muß untersucht werden, ob und wenn ja, in welchen Teilbereichen Anthroposophie als eine Variante des christlichen Glaubens verstanden werden kann, es muß aber auch deutlich formuliert werden, wo sie einem auf die Bibel gegründeten Glauben klar widerspricht.

2. Der Gründer: Rudolf Steiner (1861–1925)

Anthroposophie wurde begründet und in ihren wesentlichen Elementen gestaltet von einer einzigen Persönlichkeit: Rudolf Steiner. Er hat jene Bücher verfaßt, jene Vortragszyklen gehalten, die bis heute die einzig verbindliche und allgemein anerkannte Grundlage anthroposophischen Denkens bilden. Auch die praktischen Erscheinungsformen der Anthroposophie in ihren verschiedenen Lebensbereichen, die heute so sehr das Bild der Anthroposophie prägen, gehen auf Steiner zurück, wenn ihm auch andere dabei helfend zur Seite standen.

Hauptquelle für Steiners Leben (bis 1907) ist seine Autobiographie: Mein Lebensgang (ML), zwischen 1923 und 1925 (dem Jahr von Steiners Tod) kapitelweise in der Zeitschrift «Goetheanum» veröffentlicht. Steiner fühlte sich zu diesen Darstellungen «verpflichtet», um

> «manches schiefe Urteil über den Zusammenhang meines Lebens mit der von mir gepflegten Sache durch eine objektive Beschreibung in das rechte Licht zu stellen» (ML, S. 7).

Weitere Quellen sind Briefe und Berichte von Wegbegleitern und Kritikern – allerdings liegen nur wenige Äußerungen von Menschen vor, die nicht zugleich begeisterte Anhänger Steiners waren.

2.1. Kindheit und Jugend

Wer war nun Rudolf Steiner? Am 27. Februar 1861 wurde er in Kraljevec, einem kleinen österreichischen Ort an der Grenze zu Ungarn (heute Kroatien), geboren. Sein Vater arbeitete dort als Bahnbeamter.

Nach Steiners eigener Schilderung zeigten sich bereits bei dem Kind Wesenszüge, die später für sein anthroposophisches Werk Bedeutung erlangen sollten:

1. An der Seite des Vaters beeindruckt Steiner die Technik der Eisenbahn. Die Bedeutung der Technik, der Naturwissenschaft für die Gegenwart schlägt ihn in seinen Bann. Nie wird er aufhören zu behaupten, daß seine Anthroposophie nicht im Gegensatz zur Naturwissenschaft stehe.

2. Als Sieben- bzw. Achtjähriger hat Steiner okkulte Erlebnisse: Hellsehend erlebt er den Tod einer Tante. Doch er muß sein Erlebnis

für sich behalten, da er von seiner Umgebung nicht verstanden wird. Auch dies Element des Verdeckten, nicht – oder noch nicht – Offenbaren wird Steiner bzw. das Bild, das er selbst von sich entwirft, immer wieder bestimmen.

3. Neben der Technik fasziniert Steiner der Kult der katholischen Kirche: das, was der Pfarrer «als Ausübender des Kultus tat in Vermittlung zwischen der sinnlichen und der übersinnlichen Welt» (ML, S. 22f.). Auch fühlt er sich stark zu den Mönchen eines nahen Klosters hingezogen, deren Lebensart ihm Respekt und tiefe Fragen abnötigten. In seiner Autobiographie heißt es dazu:

> «es setzte sich in mir die Idee fest: im Zusammenhange mit den Aufgaben dieser Mönche müssen wichtige Dinge sein, die ich kennenlernen müsse», (ML, S. 15).

1878 beginnt Steiner in Wien ein Studium der Naturwissenschaften, das er nicht abschließt. Schnell weitet sich der Horizont des Studenten über die Naturwissenschaft hinaus: Er macht die Bekanntschaft von Künstlern und Dichtern – und wird von dem Germanistik-Professor Karl-Julius Schröer in die Gedankenwelt Goethes eingeführt. Dabei sind es besonders die naturwissenschaftlichen Schriften Goethes, die damals weder von Naturwissenschaftlern noch von Germanisten geschätzt wurden, die Steiner besonders ansprechen, liest er hieraus doch eine ganzheitliche Art der Befassung mit der Natur, die sich für ihn wohltuend unterscheidet von der als materialistisch empfundenen analytischen Methodik der Naturwissenschaft seiner Zeit.

Als eine weitere wichtige Begegnung in diesen Jahren schildert Steiner die Bekanntschaft mit einem «Dürrkräutler», den er regelmäßig in der Eisenbahn traf, den er mehrfach besuchte und der ihm eine Ahnung davon vermittelt habe, daß neben der Schulweisheit andere Wege der Erkenntnisbildung, andere Formen des Umgangs mit der Natur und den in ihr verborgenen heilenden Kräften möglich seien.

In dieser Zeit erhält Steiner eine Hauslehrerstelle: die pädagogische Betreuung eines behinderten Jungen (Wasserkopf). Steiner beschreibt, daß er ihn so sehr förderte, daß er später ein Medizinstudium aufnehmen konnte.

Schließlich soll nicht unerwähnt bleiben, daß Steiner in Wien eine erste Begegnung mit Mitgliedern der *Theosophischen Gesellschaft* hatte. Allerdings führte sie dazu, daß Steiner, damals noch ganz ein Vertreter der westlich-wissenschaftlichen Moderne, später in dem von ihm herausgegebenen «Magazin für Litteratur» einen Spottartikel über die

Theosophen verfaßte – nicht ahnend, daß er wenige Jahre später Wortführer dieser Bewegung im deutschsprachigen Raum sein würde. In den Wiener Jahren wurden so auf mehrfache Weise Grundlagen gelegt, auf denen später das theo- bzw. anthroposophische Haus errichtet wurde. Noch als Student erhielt Steiner den Auftrag, Goethes naturwissenschaftliche Schriften in der angesehenen Reihe, «Kürschners Deutsche Nationalliteratur», herauszugeben. Noch während er an dieser Ausgabe arbeitete, wurde er an das Goehte-Archiv nach Weimar berufen, um dort Teile dieser Werke (Goethes Schriften zur Morphologie) herauszugeben. Steiner zog von Wien nach Weimar – ein neuer großer Abschnitt seines Lebens begann.

2.2. Weimar und Berlin

In Weimar beschränkt sich Steiner nicht auf seine Hauptaufgabe, die Schriften Goethes zu kommentieren und herauszugeben. Er verfaßt eine Fülle von Schriften und er promoviert in Rostock 1891 zum Doktor der Philosophie. Das Thema dieser Arbeit, 1892 unter dem Titel: «Wahrheit und Wissenschaft. Vorspiel einer Philosophie der Freiheit» als Buch erschienen, nennt bereits drei Begriffe, die Steiner Zeit seines Lebens wichtig sein werden: Wahrheit, Wissenschaft, Freiheit. Der «Philosophie der Freiheit» ist ein weiteres Werk gewidmet, das Steiner 1894 in Jena als Habilitationsschrift einreicht, um eine Universitätslaufbahn beginnen zu können. Die Habilitation wird aber von der Philosophischen Fakultät in Jena abgelehnt. Für Steiner bedeutet dies biographisch den Anfang einer langen Suche nach seinem Platz im Leben, und es bedeutet wissenschaftlich, daß er sich mit seinen Gedanken zur Erkenntnislehre in ein Abseits bugsiert hat – wie weit, ist um diese Zeit noch nicht erkennbar. Doch später wird Steiner immer wieder darauf verweisen, daß die «Philosophie der Freiheit» die Grundlage der Anthroposophie darstellt – einer Anthroposophie, von der er erst Jahre später reden wird.
In schneller Folge gibt Steiner mehrere Veröffentlichungen heraus: eine Schrift zur Verteidigung E. Haeckels («Haeckel und seine Gegner»), eine weitere zur Verteidigung Nietzsches («Friedrich Nietzsche. Ein Kämpfer gegen seine Zeit», 1895). Als Frucht seiner Arbeit am Goethe-Archiv erscheint 1897 eine Monographie zu «Goethes Weltanschauung». Innerhalb der Mitarbeiterschaft am Goethe-Archiv gibt es Spannungen, so verläßt Steiner Weimar 1897 und siedelt nach

Berlin über – als avantgardistischer Schriftsteller und Literat. Seine Bewerbung um die Stelle als Feuilleton-Redakteur an einer Wiener Tageszeitung schlägt fehl. Gemeinsam mit Otto Erich Hartleben gibt er für kurze Zeit das «Magazin für Litteratur» heraus (1897 bis 1900). Außerdem gibt er Unterricht an der sozialistischen Arbeiterbildungsschule Wilhelm Liebknechts (1899–1904).

In diese Zeit fällt auch die Eheschließung mit der Witwe Anna Eunike, die Steiner bereits in Weimar kennengelernt hatte. Anna Steiner hat in der Folgezeit in seinem Leben – soweit es aus den Quellen ersichtlich ist – keine große Rolle gespielt. Er selbst schreibt in seiner Autobiographie kaum mehr als die folgenden Sätze über diese Ehe, die bis zum Tod Annas, 1911, währte:

> «Mein äußeres Privatleben wurde mir dadurch zu einem äußerst befriedigendem gemacht, daß die Familie Eunike nach Berlin gezogen ist, und ich bei ihr unter bester Pflege wohnen konnte... Die Freundschaft zu Frau Eunike wurde bald darauf in eine bürgerliche Ehe umgewandelt... Das Leben im Eunikeschen Hause gab mir damals die Möglichkeit, eine ungestörte Grundlage für ein innerlich und äußerlich bewegtes Leben zu haben» (ML 277 f.)

2.3. Der Theosoph

Kurz nach der Jahrhundertwende begegnet Steiner in Berlin aufs Neue den Theosophen. Die Theosophische Gesellschaft war 1875 von Helena Petrowna Blawatski begründet worden und von ihr und ihren Anhängern Leadbeater, Olcott, Annie Besant u. a. entwickelt worden. Sitz der Theosophischen Gesellschaft war Adyar in Indien. Es war das Ziel, östliches Wissen, östliche Mystik in Verbindung mit okkulten Vorstellungen und Praktiken in den Westen zu bringen. In vielen Ländern hatten sich nach der Jahrhundertwende theosophische Gruppen gebildet – so auch in Berlin. Diesmal hat Steiner offenbar einen günstigeren Eindruck: Er wird eingeladen, Vorträge zu halten und schreibt hinterher, daß das Publikum dort «damals das einzige war, das restlos auf Geist-Erkenntnis einging» (ML, S. 294). Bei diesen Vorträgen lernt er die Baltin Marie von Sivers kennen, die bis zu seinem Lebensende seine engste Mitarbeiterin und Mitgestalterin der Anthroposophie wurde. 1914 haben beide geheiratet.

Gemeinsam mit Marie von Sivers besucht Steiner 1902 einen theosophischen Kongreß in London, wo er auch Annie Besant, die Nachfolgerin von Helena P. Blavatsky als Führerin der Theosophen, kennenlernt. Freunde beschreiben, daß Steiner von dieser Tagung völlig verändert heimkehrt. Er bricht bisherige Kontakte ab, wird Generalsekretär der Deutschen Sektion der Theosophischen Gesellschaft – leitet sie gemeinsam mit Marie von Sivers. Beide werden auch Mitglieder in der esoterischen Schule von Annie Besant – gehören damit zum engsten Zirkel der Theosophischen Gesellschaft.

Steiner selbst hat später – nach seiner Trennung von der Theosophie – immer wieder behauptet, er habe niemals etwas von der Lehre der Theosophie angenommen (ein Vergleich seiner frühen Werke mit den Büchern von Helena Blavatsky zeigt allerdings anderes![2]). Er behauptet in seiner Autobiographie, er habe Vorbehalte bei seiner Unterschrift gemacht:

> «Niemand blieb im Unklaren darüber, daß ich in der Theosophischen Gesellschaft nur die Ergebnisse meines eigenen forschenden Schauens vorbringen werde... Ich verschrieb mich keiner Sektendogmatik» (ML, S. 294).

Der Begriff «Sektendogmatik» für die Lehre jener Gesellschaft, deren Repräsentant in Deutschland er nun wird, ist höchst eigenartig. Das deckt sich mit seinen kritischen Äußerungen über die Theosophen, die er 1896 formuliert hatte:

> «Man hört nämlich nichts; nichts als Redensarten, die den morgenländischen Schriften entlehnt sind, ohne eine Spur von Inhalt. Die inneren Erlebnisse sind nichts als Heuchelei»[3].

Es ist schon merkwürdig und trotz aller späteren Erklärungsversuche kaum verständlich, wie Steiner sich einer von ihm selbst so negativ beurteilten Gesellschaft anschließen konnte. Das läßt auf einen Umbruch, auf die Suche nach einem möglichen Standpunkt und nach einem geeigneten Forum für sein eigenes Wirken schließen.

Anderes Merkwürdige ist aus dieser Zeit zu berichten: Steiner schließt sich – wieder gemeinsam mit Marie von Sivers – dem thelemitischen «Ordo Templi Orientis» (OTO) an[4]. Doch auch hier macht er die gleichen Vorbehalte:

> «Ich dachte nicht im entferntesten daran, im Sinne einer solchen Gesellschaft zu wirken» (ML, S. 335).
> «Unsere Unterschriften waren unter ‹Formeln› gegeben. Das Übliche war eingehalten worden. Und während wir unsere Unterschriften gaben, sagte ich mit aller Deutlichkeit: das alles ist Formalität, und die Einrichtung, die ich veranlasse, wird nichts herübernehmen» (ebd., S. 337).[5]

Es darf bezweifelt werden, daß Steiner zu diesem Zeitpunkt (1905/06) bereits an die Gründung einer eigenen Gesellschaft gedacht hat.

Zunächst verfaßt er in den Jahren bis 1913 als Theosoph all jene Bücher, die bis heute die Grundlage der Anthroposophie bilden: *«Theosophie»* (1904); *«Wie erlangt man Erkenntnisse der höheren Welten»*, *«Aus der Akasha-Chronik»* (1904/05); *«Die Geheimwissenschaft im Umbruch»* (1910). Hinzu kommen viele Vortragszyklen und Seminare, die von Hörern mitgeschrieben wurden und aus diesen Mitschriften herausgegeben wurden, sowie Aufsätze in der von ihm herausgegebenen Zeitschrift «Lucifer-Gnosis» (seit 1903)[6]. Zuerst wurden die Vorträge nur an Mitglieder der Theosophischen (später der Anthroposophischen) Gesellschaft abgegeben: hektographiert, numeriert und mit Namen des Empfängers versehen. Heute liegen sie im Rahmen der Steiner-Gesamtausgabe vor.

Zeitgleich mit seiner Wende zur Theosophie hat Steiner auch eine Neubewertung des Christentums, besonders aber des Christus vollzogen. Liegen aus der Zeit vor 1900 nur sehr kritische Äußerungen vor, die die Distanz des jungen Steiner zeigen, so zeigt sich nach 1900 ein neues Interesse am Christentum – an seiner Geschichte, seiner Entstehung, besonders an seiner Bedeutung für die Gegenwart – wobei theo-/anthroposophische Anschauungen und Christentum, wie Steiner es verstand, eine eigene Synthese eingingen, von der noch nachhaltig die Rede sein wird. Steiner selbst spricht von einer «Prüfung der Seele» in dieser Umbruchzeit:

> «Auf das geistige Gestanden-Haben vor dem Mysterium von Golgatha in innerster ernstester Erkenntnis-Feier kam es bei meiner Seelen-Entwickelung an» (ML, S. 272).

Von dieser Neubewertung zeugen Bücher und Vorträge wie *«Das Christentum als mystische Tatsache»* (1902), die vier Vortragszyklen über die *Evangelien* (1908–1912) die Zyklen *«Von Jesus zu Christus»* (1911), *«Die Bhagavad Gita und die Paulusbriefe»* (1912), *«Die Apokalypse des Johannes»* (1908) und *«Aus der Akasha-Forschung: Das Fünfte Evangelium»* (1913/14). Diese Seite der Anthroposophie wird in den folgenden Kapiteln ausführlich betrachtet.

Gerade die starke Beschäftigung mit dem Christentum bringt Steiner (neben seinem Beharren auf westlichem Kulturgut, auf den Ansätzen Goethes und der Philosophie des Deutschen Idealismus) in einen Gegensatz zur Theosophischen Gesellschaft. Und als dort 1912 der Hindu Krishnamurti zum reinkarnierten Christus proklamiert wird, ist der Zeitpunkt zur Trennung gekommen. Steiner begründet nun die «Anthroposophische Gesellschaft» – die meisten der bisherigen Mitglieder der deutschen Sektion der «Theosophischen Gesellschaft» folgen ihm in die neue Gesellschaft.

2.4. Der Anthroposoph

Kurz vor dem 1. Weltkrieg beginnt Steiner ein Projekt, das ihn Zeit seines Lebens nicht mehr loslassen wird: Er plant und errichtet für die Anthroposophische Gesellschaft eine «Freie Hochschule für Geisteswissenschaft» und ein Gebäude, in dem sie untergebracht werden kann. Dieses Bauwerk nennt er «Goetheanum». Ein Grundstücksgeschenk bewegt Steiner, diesen Bau in Dornach, einem Ortsteil von Arlesheim bei Basel, auszuführen und nicht, wie eigentlich vorgesehen, in München. Während nun in den Kriegsjahren die europäischen Nationen gegeneinander kämpfen, baut Steiner mit Freunden aus verschiedenen Nationen das Goetheanum: einen Holzbau mit zwei großen Kuppeln, geprägt durch zahlreiche Schnitzereien, in einer eigenen Werkstätte neben der Baustelle ausgeführt.

Der Bau dieses Goetheanums zeigt sinnbildlich, daß der Aufbau der Anthroposophie als Weg, als Weltanschauung einen Abschluß gefunden hat. Seine letzten Lebensjahre wird Steiner sich den Fragen stellen, wie aus der Anthroposophie Impulse auf die verschiedenen Lebensbereiche ausgehen können. So versucht er am Ende des 1. Weltkriegs für Deutschland einen Dritten Weg neben Kapitalismus und Sozialismus zu entfalten. Er ruft die «Bewegung für Dreigliederung» ins Leben, die die Unabhängigkeit von drei Bereichen der Gesellschaft nebeneinander propagiert: Der politisch-juristische Bereich, der wirtschaftliche und der kulturelle sollen nicht voneinander abhängen. Diese Bewegung scheitert auf der ganzen Linie, doch noch heute wird diese «Dreigliederung des sozialen Organismus»[7] in anthroposophischen Einrichtungen propagiert und, so weit es möglich ist, auch praktiziert.

Schon 1919 wird Steiner von seinem Freund Emil Molt, Generaldirektor der Waldorf-Astoria-Zigarettenfabrik in Stuttgart, gebeten, für die Kinder der Arbeiter seiner Fabrik eine neue Schule aus dem Geist der Anthroposophie heraus zu entwickeln. So entsteht 1919 die erste «Waldorfschule» auf der Uhlandshöhe in Stuttgart. Steiner wird sie bis zu seinem Tod 1925 leiten. Seine Kurse für die angehenden Lehrer und seine Konferenzbeiträge sind als Nachschriften herausgegeben und stellen bis heute die maßgebliche Orientierung für Waldorflehrer dar.

Landwirte im Osten Deutschlands fragen bei Steiner an, ob aus der Anthroposophie nicht eine besondere Form des Landbaus zu entwikkeln sei. Auf dem Gut Koberwitz hält Steiner einen ersten Kurs zum «biologisch-dynamischen Landbau».

Gemeinsam mit der Ärztin Ita Wegmann gibt Steiner Impulse für eine neue Medizin[8].

Auch Theologen kommen – evangelische zumal, an ihrer Spitze der bekannte Berliner Pfarrer Friedrich Rittelmeyer und der Theologiestudent Emil Bock. Die evangelische Kirche befindet sich seit 1919 in einer großen Krise: Ihre maßgebende «liberale» Theologie war in Krieg und Revolution untergegangen. Ihre Kirchen, bislang von den Landesfürsten geführt, hatten keine Spitze und keine Verfassung mehr. So machten sich viele Theologen auf die Suche nach neuen Ansätzen. Einige versuchten einen Neuanfang als «Religiöse Sozialisten», andere konvertierten zum Katholizismus, wieder andere – unter ihnen Karl Barth, Rudolf Bultmann und Friedrich Gogarten – begründeten die «dialektische Theologie», die in der evangelischen Kirche für die kommenden Jahrzehnte zukunftsweisend wurde. Und einige kamen eben zu Steiner und fragten an, ob von der Anthroposophie her eine religiöse Erneuerung möglich wäre. Steiner hielt zwei Kurse für sie, und daraus erwuchs die **«Christengemeinschaft»**, die zwar organisatorisch von der Anthroposophischen Gesellschaft unabhängig war, die aber dennoch unmittelbar von Steiner geprägt ist: Das Bekenntnis und alle liturgischen Texte wurden von ihm verfaßt.[9]

So wird Steiner in seinen letzten Lebensjahren zu einem großen Anreger und Impulsgeber für praktische Lebensformen. In der Neujahrsnacht 1922/23 während einer Tagung, in der gewaltige Spannungen in der Anthroposophischen Gesellschaft auftraten, geht das Goetheanum in Flammen auf – wer den Brand gelegt hat, wird nie geklärt. Steiner löst die alte Gesellschaft auf und begründet die «Allgemeine Anthroposophische Gesellschaft», die er gerade vor dem zu schützen versucht, was sie seither kennzeichnet: vor Personenkult und einer sterilen Verehrung des Gründers[10].

Steiner selbst hat noch das Modell zum neuen Goetheanum geformt: einen Stahlbetonbau, der wenige Jahre nach seinem Tod errichtet wurde. Mitten in seiner Arbeit ist Rudolf Steiner am 30. März 1925 in Dornach gestorben.

3. Hauptelemente anthroposophischer Lehre

3.1. Anthroposophie als «Geisteswissenschaft»

Was ist nun eigentlich Anthroposophie? Vom Wort her bedeutet es «Weisheit vom Menschen» oder «Weisheit über den Menschen». Steiner besteht darauf, daß sie keine Religion sei und keine Schwärmerei, keine Häufung von Hypothesen und auch kein spekulatives Gedankengebäude. Anthroposophie will vielmehr eine **Wissenschaft** sein. Eine Wissenschaft aber, die zum Gegenstand hat, was über alle Naturwissenschaft hinausgeht und was bislang Thema von Religion und Philosophie, von Hellseherei und Spekulation war: eine Wissenschaft von der **geistigen Welt**. Von einer Welt, die zwar unsichtbar ist, die aber dennoch von entscheidender Bedeutung ist für alles, was hier auf Erden, auf dem «physischen Plan», sichtbar geschieht. Und so nennt Steiner seine Anthroposophie eine **Geisteswissenschaft**. Dieser Begriff wird aber nicht in seiner an den Universitäten bis heute üblichen Bedeutung verwendet, sondern heißt bei Steiner soviel wie: Wissenschaft von der geistigen, göttlichen Welt. Steiner sagt:

> «Das ist es, was die Geisteswissenschaft dem modernen Menschen geben soll: die Möglichkeit, in unmittelbarer Weise Kunde zu erhalten von der unsichtbaren Welt» (Bibel und Weisheit, S. 9).

Steiner versteht die Anthroposophie als einen Erkenntnisweg, «der das Geistige im Menschenwesen zum Geistigen im Weltenall führen möchte» (Anthroposophische Leitsätze, GA 26, S. 14).

Anthroposophie will also,

> «eine Eröffnung der Tore zu einer übersinnlichen Welt sein. Und sie will diese Welt nicht durch bloß spekulatives Denken finden, sondern durch wirkliche Wahrnehmung, welche der Seele ebenso zugänglich ist, wie die Wahrnehmung der physischen Sinne» (Theosophie, S. 13).

Um solches zu leisten, zeigt sie,

> «daß in der menschlichen Seele Erkenntniskräfte schlummern, welche im gewöhnlichen Leben und auch in der äußeren Wissenschaft nicht zutage treten» (Theosophie und das Geistesleben der Gegenwart, S. 14).

Weil diese Forschungs- bzw. Erkenntniskräfte im «normal» geschulten Menschen verborgen sind und auch der Forschungsgegenstand nicht offen zutage liegt, nennt Steiner seine Wissenschaft auch **Ge-**

heimwissenschaft, und den Schüler, der sich auf den Weg macht, diese Wissenschaft zu ergründen, einen **Geheimschüler**. Geheim ist alles am Anfang, geheim soll es aber nicht bleiben, sondern es soll bekannt werden: erst dem Schüler, dann auch in weiterer Entwicklung allen Menschen, denen die Schüler, die Eingeweihten, lediglich voraus sind. So möchte Anthroposophie keine Religion sein[11], sondern Wissenschaft. Dabei soll der Geistesforscher methodisch ebenso streng vorgehen wie der Naturwissenschaftler. Daher seien seine Ergebnisse wissenschaftliche Erkenntnisse und keine Glaubensaussagen.[12]

3.2. Erkenntnisweg in die höheren Welten

Der Anspruch der Anthroposophie, eine Wissenschaft zu sein, gründet nach eigenen Aussagen darauf, daß Rudolf Steiner einen Erkenntnisweg entwickelt habe, der auf methodisch ausgewiesene Weise zu Erkenntissen im bisher dem Forschen verborgenen geistigen Bereich führe.[13] Diesen Erkenntnisweg hat Steiner vor allem in zwei frühen Büchern ausführlich erläutert, die bis heute als grundlegend für die Anthroposophie gelten: «Wie erlangt man Erkenntnisse der höheren Welten» und «Die Geheimwissenschaft im Umriß» (S. 299 ff.). Steiner setzt hier seine Arbeit an der Frage fort, wie denn der Mensch überhaupt etwas erkennen könne – eine Frage, die ihn bereits in der «Philosophie der Freiheit» (1894) beschäftigt hatte. Dieses Werk bewegte sich noch im Bereich der Schulphilosophie und führte nur bis an die bekannten Grenzen des Erkennens. Jetzt, als Theosoph, überschreitet Steiner diese allgemein gültigen Erkenntnisgrenzen und schreitet in die geistigen, göttlichen, geheimen Welten voran.

In seinen Büchern möchte er seinen Schülern den Weg weisen, den er selbst gegangen ist. Einen Weg, der sich anlehnt an ältere Einweihungswege, etwa den der Rosenkreuzer, und vor allem an den Weg der Theosophischen Gesellschaft, wie Steiner ihn bei Annie Besant kennengelernt hat.

Es handelt sich dabei um Erkenntnisse, die weit über rationales, logisches Erkennen, wie es die Naturwissenschaft seiner Zeit allein gelten läßt, hinausreicht. Es sind Erkenntnisse, Erfahrungen, die meditativ gewonnen werden und die zu einer inneren Gewißheit führen sollen. In dieser Gewißheit sei dann spürbar, daß diese Erkenntnis nicht nur für dieses eine Subjekt Gültigkeit habe, sondern in eine objektive Sphäre hineinreiche.

Steiner beschreibt seinen meditativen Weg als einen Einweihungsvorgang in sieben Stufen:

> «1. Das Studium der Geisteswissenschaft, wobei man sich zunächst der Urteilskraft bedient, welche man in der physisch-sinnlichen Welt gewonnen hat.
> 2. Die Erwerbung der imaginativen Erkenntnis.
> 3. Das Lesen der verborgenen Schrift (entsprechend der Inspiration).
> 4. Das Sicheinleben in die geistige Umgebung (entsprechend der Intuition).
> 5. Die Erkenntnis der Verhältnisse von Mikrokosmos und Makrokosmos.
> 6. Das Einswerden mit dem Makrokosmos.
> 7. Das Gesamterleben der vorherigen Erfahrungen als eine Grund-Seelenstimmung.»
> (Geheimwissenschaft, S. 393).

Dabei sind diese Stufen, die Steiner in anderen Büchern bzw. Vortragszyklen durchaus variieren kann, nur Hilfsmittel: Sie müssen nicht nacheinander durchgemacht werden, sondern greifen ineinander. Für die jeweiligen Stufen gibt Steiner Anweisung: In der ersten Stufe zur Art, wie Informationen aufgenommen werden sollen, die der «Offenbarung in der Meditation entsprossen» sind (Wie erlangt man Erkenntnisse, S. 29). Dabei ist Kritik hinderlich, an ihre Stelle sollen Ehrfurcht und Devotion treten, der Schüler begibt sich auf den «Pfad der Verehrung» (S. 15)[14]:

> «Jede Kritik, jedes richtende Urteilen vertreiben ebensosehr die Kräfte der Seele zur höheren Erkenntnis, wie jede hingebungsvolle Ehrfurcht sie entwickelt» (Wie erlangt man Erkenntnisse, S. 17).

Für die weiteren Stufen gibt Steiner Hilfen zur Meditation und beschreibt, welche Ergebnisse zu erwarten sind. Die «imaginative Erkenntnis» ist die erste höhere Erkenntnisstufe, sie kommt durch einen «höheren Bewußtseinszustand der Seele zustande», in ihr werden «geistige Tatsachen und Wesenheiten, zu denen die Sinne keinen Zugang haben» wahrgenommen (Geheimwissenschaft, S. 316f.). In der nächst höheren Stufe, der «Inspiration», erkennt der Geistesschüler «vor allem eine Vielheit von geistigen Wesenheiten und von Beziehungen des einen auf das andere» (ebd. S. 352). Das Beobachten in der Welt der Inspiration läßt sich «nur vergleichen mit einem Lesen; und die Wesen in dieser Welt wirken auf den Betrachter wie Schriftzeichen». Daher bezeichnet Steiner diese Erkenntnisstufe auch als «Lesen der verborgenen Schrift» (S. 353) – und es ist dies jene «Akasha-

Chronik», von der im folgenden Kapitel ausführlich die Rede sein wird.

Die folgende Stufe der «Intuition» ermöglicht eine «Erkenntnis von höchster, lichtvollster Klarheit» (S. 357). Hier werden die «Geistwesen» erkannt durch völliges Einswerden mit dem Erkennenden (S. 357). Erst intuitive Erkenntnis ermöglicht auch eine «sachgemäße Erforschung von den wiederholten Erdenleben und vom Karma» (S. 359).

Die folgenden Stufen betreffen das Verhältnis des Menschen zur «großen Welt», das «Verhältnis von allem, was am Menschen ist, zu entsprechenden Tatsachen und Wesenheiten der außer dem Menschen befindlichen Welt» (S. 392). Die Erkenntnis der Entsprechung von Mikrokosmos und Makrokosmos führt den Menschen dazu, «sich wie mit dem ganzen Weltenbau verwachsen zu fühlen», jedoch «ohne die eigene Wesenheit zu verlieren» (S. 392f.).

Auf diesem Einweihungsweg in die geistige Welt begegnet der Mensch auch Hindernissen: dem «kleinen Hüter der Schwelle» – seinem Doppelgänger –, der ihn mit seinem wahren Selbst konfrontiert, und dem «großen Hüter der Schwelle», der ihn prüft, ob er gegen Täuschungen gewappnet und in der Lage ist, Schein von Wirklichkeit zu unterscheiden (S. 387–391). Dieser «große Hüter der Schwelle» wandelt sich – nach bestandener Prüfung – zu seinem Vorbild, und der Mensch erkennt, daß er niemand anders ist als die «Christus-Gestalt». «Der Geistesschüler wird dadurch in das erhabene Geheimnis selbst eingeweiht, das mit dem Christus-Namen verknüpft ist. Der Christus zeigt sich ihm als das ‹große menschliche Erdenvorbild›» (S. 394f.).

Soweit schildert Steiner diesen «Einweihungsweg» – wobei er anmerkt, «welche Stufe man auch erstiegen haben mag auf dem Wege in die übersinnlichen Welten hinauf: es gibt immer noch höhere Stufen« (S. 388). Diesen Weg könne, so betont er immer wieder, jeder Mensch gehen, «in welcher Lage er sich auch innerhalb der gegenwärtigen Lebensbedingungen befindet» (S. 395).

Die Akasha-Chronik

Mit der Einweihung in die geistigen Welten erhält der Geistesforscher die Möglichkeit, in der **«Akasha-Chronik»** lesen und forschen zu können. Diese Akasha-Chronik definiert Steiner als eine Art «geistiges Weltengedächtnis». Alles, was jemals auf Erden getan, gesagt, ja, gedacht worden ist, ist in ihr verzeichnet. Und der «Geistesforscher», der in ihr lesen kann, erhält ein sehr genaues Bild von dem vergangenen Geschehen, zwar nicht absolut irrtumslos, doch viel genauer als es Wissenschaftler aus den herkömmlichen Quellen ablesen und rekonstruieren können – so jedenfalls sagt es Steiner («Aus der Akasha Chronik», S. 17). Diese besondere Chronik ist in den Weltenäther (den von Alchemisten und Okkultisten vermuteten «Urstoff» zwischen den Sternen) eingeschrieben – «Akasha» ist ein Wort aus dem Sanskrit und bezeichnet diesen Weltenäther (allerdings ist im Indischen eine Chronik in diesem Bereich nicht bekannt).

Mit dieser «Chronik» gibt es nur ein Problem – doch das ist unlösbar: Sie ist nicht in irgendeinem Material vorhanden, das von Forschern verschiedener Schulen und Richtungen ausgewertet werden könnte. Sie ist also qualitativ von anderer Art als jene Zeugnisse, mit denen Historiker, Archäologen oder Philologen umgehen. Sie ist weder in Tontafeln geritzt, noch in Stein gehauen, weder auf Pergament noch auf Papyrus geschrieben. Sie ist nur in der Geisteswelt vorhanden und darum nur dem Geistesforscher zugänglich. Wer nicht die Fähigkeit erworben hat, in diese Geisteswelt vorzudringen, der ist auf das angewiesen, was der Geistesforscher – in unserem Fall: Rudolf Steiner – gelesen, geschaut, geforscht haben will.

Steiner erhebt den Anspruch, alles, was er gesagt und geschrieben habe, entstamme dieser Schau in der Akasha-Chronik. Eine Folge von Aufsätzen und ein Vortragszyklus tragen sie im Namen: «Aus der Akasha-Chronik» (schon 1904/05) und «Aus der Akasha-Forschung: das Fünfte Evangelium» (1913/14). Steiner sagt dazu:

> «Meine Erkenntnisse des Geistigen, dessen bin ich mir voll bewußt, sind Ergebnisse eigenen Schauens» («Die Geheimwissenschaft im Umriß, Vorrede zur 16.–20. Aufl., S. 30).

Steiner verwahrt sich an dieser Stelle gegen den Vorwurf des Eklektizismus:

> «Aus gnostischen Lehren, aus orientalischen Weisheitsdichtungen und so weiter soll ich meine Darstellungen gewonnen haben» (ebd. S. 29f.).

Doch solche Sicht sei oberflächlich: Lediglich im Nachhinein, nach solcher Schau habe er nach Worten gesucht und Anleihen in der Formulierung gemacht, doch stets die alten Worte mit neuem Inhalt gefüllt.

In den Vorträgen zum Lukas-Evangelium heißt es:

> «Das müssen wir uns immer wiederum vor die Seele stellen, daß wir nicht

aus den Urkunden schöpfen, sondern daß wir schöpfen aus der geistigen Forschung selbst, und daß wir dasjenige, was aus der Geistesforschung geschöpft wird, in den Urkunden wieder aufsuchen» (S. 22).

Es bleibt niemand im Unklaren über Steiners Anspruch:

«Was heute erforscht werden kann ohne eine historische Urkunde, das ist die Quelle für das anthroposophische Erkennen» (ebd. S. 20)

Welche Konsequenzen dies für den Umgang mit der Bibel hat und für jene Themen, die die zentralen Lehren des christlichen Glaubens betreffen, wird unten darzustellen sein (s. u. 3.9.). Hier sei aber ausdrücklich darauf hingewiesen, daß die Hauptstücke der Anthroposophie – das Menschenbild, die Kosmologie, die Christosophie, die Vorstellung vom Göttlichen und anderes – unmittelbar aus dieser Quelle abgeleitet sind, aus einer Quelle also, die nur von Steiner gesehen und interpretiert worden ist, bzw. sein soll.

Steiner ist allerdings nicht der erste, der von dieser Quelle redet: Helena P. Blavatsky, die Begründerin der Theosophischen Gesellschaft, hat in ihren Büchern meines Wissens zum ersten Mal von der Existenz einer solchen «Chronik» gesprochen. Hier zeigt sich wieder einmal der starke Einfluß der Theosophie auf Steiner in den Jahren zwischen 1900 und 1910.[15]

Steiner gesteht dem, der nicht selbst in der «Akasha-Chronik» «forschen» kann, zu, das «Mitgeteilte» mit gesundem Menschenverstand und unvoreingenommenem Gefühl auf seine innere Logik hin zu prüfen. Jedoch Zweifel an der grundsätzlichen Wahrheit des Geschauten sind nicht erlaubt. So argumentiert er schlicht:

«Der Walfisch ist eine Tatsache... Wenn niemals in der Welt vorgekommen wäre, daß jemand einen Walfisch gesehen hätte, so würde niemand beweisen können, daß es einen Walfisch gibt. Aus allen Kenntnissen, die er hat, würde er nie das Dasein eines Walfisches beweisen können, denn ein Walfisch ist eine Tatsache, und Tatsachen kann man nicht beweisen, sondern man kann sie nur erleben» («Ergebnisse der Geistesforschung», S. 64).

Die Bedeutung solcher Ausführungen sind klar: Steiner hat den Walfisch (!) gesehen, er hat Tatsachen in der «Akasha-Chronik» geschaut, die er mitteilt – und die Logik kann dem nicht grundsätzlich widersprechen.

Nun darf solche Argumentation natürlich angezweifelt werden, denn Wale sind von vielen Menschen gesehen, beobachtet, in ihrer Lebensweise erkundet und (leider) auch gejagt worden. Die «Schauungen»

C. Gegenwärtiges Weltensystem:

	Saturn ♄	Sonne ☉	Mond ☾	Erde ♁	Jupiter ♃	Venus ♀	Vulkan
Serafime:	10.	11.	12.	–(13)			
Wesensstufe:	G.d.Weisheit	Thronenschule	Cherubimschule	Seraphimschule			
Cherubime:	9.	10.	11.	12.	–(13)		
Wesensstufe:	G.d.Bewegung	G.d.Weisheit	Thronenschule	Cherubimschule	Seraphimschule		
Throne:	8.	9.	10.	11.	12.	–(13)	
Wesensstufe:	G.d.Form	G.d.Bewegung	G.d.Weisheit	Thronenschule	Cherubimschule	Seraphimschule	
G.d.Weisheit:	7.	8.	9.	10.	11.	12.	–(13)
Wesensstufe:	Archaischule	G.d.Form	G.d.Bewegung	G.d.Weisheit	Thronenschule	Cherubimschule	Seraphimschule
G.d.Bewegung:	6.	7.	8.	9.	10.	11.	12.
Wesensstufe:	Erzengelschule	Archaischule	G.d.Form	G.d.Bewegung	G.d.Weisheit	Thronenschule	Cherubimschule
G.d.Form:	5.	6.	7.	8.	9.	10.	11.
Wesensstufe:	Engelschule	Erzengelschule	Archaischule	G.d.Form	G.d.Bewegung	G.d.Weisheit	Thronenschule
Archai:	4.	5.	6.	7.	8.	9.	10.
Wesensstufe:	Mensch	Engelschule	Erzengelschule	Archaischule	G.d.Form	G.d.Bewegung	G.d.Weisheit
Erzengel:	3.	4.	5.	6.	7.	8.	9.
Wesensstufe:	Tierstufe	Menschenreich	Engelschule	Erzengelschule	Archaischule	G.d.Form	G.d.Bewegung
Engel:	2.	3.	4.	5.	6.	7.	8.
Wesensstufe:	Pflanzenstufe	Tierstufe	Menschenreich	Engelschule	Erzengelschule	Archaischule	G.d.Form
Mensch:	1.	2.	3.	4.	5.	6.	7.
Wesensstufe:	Mineralstufe	Pflanzenstufe	Tierstufe	Menschenreich	Engelschule	Erzengelschule	Archaischule

Erst im 4. planetarischen Zustand ERDE steigt der Mensch zur Menschenschule, die Engel zur Engelschule, die Erzengel zur Erzengelschule usw. – zuletzt die Seraphime zur «Seraphimschule» empor.

Tabellarische Gesamtübersicht über die Weltstufen, in welchen die Hierarchien und der Mensch ihre je 12 Bewußtseinsformen zur Entwicklung bringen (insgesamt in 4 Weltsystemen).
(Ausschnitt aus einem Plakat von Willy Conrad: «Über die 12 Bewußtseinsformen» des Menschen und der Hierarchien)

aus der «Akasha-Chronik» jedoch sind Steiners Privileg. Zwar formuliert Steiner:

> «der Zuhörer darf sich in jedem Augenblicke sagen: wovon dieser spricht, kann ich auf erfahren, wenn ich gewisse Kräfte in mir entwickle, die heute noch in mir schlummern» («Wie erlangt man Erkenntnisse», S. 13).

Doch zunächst gilt, daß er von einer Welt spricht, zu der der Zugang allein über ihn führt (s. o. zum Erkenntnisweg). Es ist deutlich: Hier liegen große Schwierigkeiten im Dialog mit anderen («exoterischen») Wissenschaften und auch mit der Theologie, ja, mit jedem Außenstehenden.

3.3. Welt und Menschheit im Entwicklungsprozeß

Ein zentraler Begriff in Steiners Denken ist «Entwicklung». Er ist darin Kind seiner Zeit, waren es doch Darwin und Haeckel mit ihren Forschungen zur Evolution der Natur und auch des Menschen, die die naturwissenschaftliche Diskussion gegen Ende des 19. Jahrhunderts bestimmten. Steiner, Student der Naturwissenschaften, nahm ihre Ideen auf. Doch der materialistische Monismus, mit dem sie die Entstehung der Arten und den Fortgang der Evolution allein aus den Prinzipien der Durchsetzungskraft zu erklären versuchten, konnte ihm nicht genügen. An diese Stelle setzt Steiner eine geistige Kraft, die die Evolution vorantreibt. Und Sinn und Ziel der Evolution ist die Höherentwicklung des Menschen – von einem Wesen, das ganz den Naturreichen angehörte hin zu einem Teil der geistigen Welt.

Alles entwickelt sich: Der Kosmos, der Mensch, die geistige Welt, Christus, Gott – es gibt nichts, das von diesem Gesetz der Evolution ausgeschlossen wäre. Das Gesetz der Evolution gilt für die leibliche Entwicklung des Menschen, aber auch für seine geistige: es muß auch im geistigen Bereich immer eine Stufenfolge vorhanden sein. Die Tatsache, daß mittelmäßige Eltern geniale Kinder haben, widerspricht dem nicht, sondern führt zu der Notwendigkeit, daß hier andere Entwicklungsgesetze vorliegen müssen.[16]

Steiner beschreibt ausführlich die Entwicklung des Kosmos, vor allem jenes Planeten, den wir zur Zeit als «Erde» kennen. Und in diese kosmische Entwicklung zeichnet er das Werden des Menschen hinein – eng mit der kosmischen Entwicklung verbunden, so daß vom einen nicht gehandelt werden kann, ohne sogleich das andere mitzubedenken.[17]

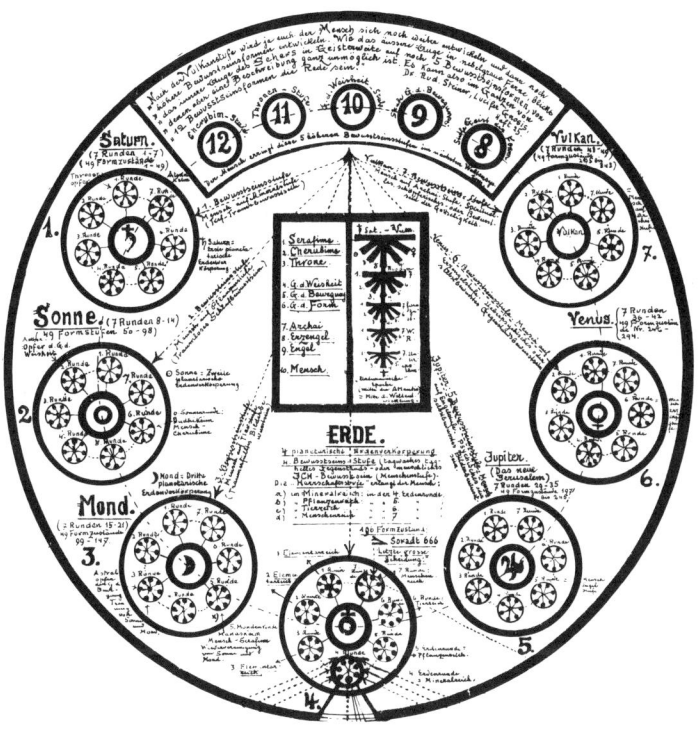

Ausschnitt aus einem Plakat von Willy Conrad, Dornach 1946
«Unser Weltensystem», (Grundriß zur planetarischen Entwicklung).
Dargestellt sind die sieben planetarischen Zustände, die jeweils aus 7 Runden
und 49 «Formzuständen» bestehen.

Grundsätzlich gilt: Der Mensch ist nicht Spätform der Evolution, sondern er ist von Anfang der Erdentwicklung an mit dabei. Seine Entwicklung ist geradezu Sinn der Erdenentwicklung und gibt ihr die Richtung. Diese Entwicklung vollzieht sich sowohl beim Menschen als auch bei den Himmelskörpern in verschiedenen *Inkarnationen*. Das bedeutet: nicht nur der Mensch trägt einen Wesenskern in sich, der sich immer wieder verkörpert, sondern Gleiches gilt von den Himmelskörpern.

Jenes Wesen, das sich gegenwärtig im Planeten Erde verkörpert, hat im gegenwärtigen «Weltsystem» bereits drei Planetenstufen durchlaufen, drei Planetenkörper getragen, bevor es «Erde» wurde. Diese früheren Stufen nannte Steiner Saturn, Sonne und Mond. Und es wird im weiteren Lauf der kosmischen Evolution Jupiter, Venus und Vulcan werden.[18] Die dann folgenden Inkarnationen unseres Planetenwesens in einem zukünftigen Weltsystem entziehen sich selbst dem «geistesforschenden» Auge Rudolf Steiners.

Dabei ist die siebenfache Verkörperung der Planeten nur das Grobraster der Evolution. Es wird ergänzt durch sieben «Runden», die jede Planeteninkarnation zurücklegt, die noch einmal in sieben «Formzustände» unterteilt sind. Die Systematik ist deutlich, ausgerichtet an der geheimnisvollen Zahl Sieben. Auf diese Weise kann der jeweilige Stand der Evolution des Kosmos zu jeder Zeit mit großer Genauigkeit angegeben werden. Derzeit befinden wir uns in der vierten (mittleren) Planeteninkarnation in der fünften Runde im fünften Formenzustand. Im mittleren Formenzustand, also genau in der Mitte der gegenwärtigen Runde, kam die Christuswesenheit auf die Erde. Diese zentrale Stelle des Christusgeschehens im Gange der Evolution sei hier zunächst nur angemerkt.

Zusammen mit jenem Himmelskörper, der jetzt «Erde» heißt, entwickelt sich also der Mensch. Am Anfang, als die «Erde» noch «Saturn» war, besaß der Mensch nur seinen **physischen Leib**, seinen Mineralleib, der heute sichtbar, wiegbar, meßbar ist und den Menschen mit dem Mineralreich verbindet. Das Bewußtsein war noch kaum entwickelt, es verharrte noch im Trancebewußtsein und lebensfähig war dieser Mensch nur, weil höhere Geistwesen die noch fehlenden Wesensglieder vertraten.

Im Planetenzustand «Sonne» erhielt der Mensch seinen Lebensleib hinzu, jenes Wesensglied, in dem die Lebensprozesse beheimatet sind, Atmung, Stoffwechsel usw. Steiner nennt dieses Wesensglied «Ätherleib» – er verbindet den Menschen mit dem Pflanzenreich. Der Mensch

Gegenwärtiges Weltensystem.

Im gegenwärtigen Weltensystem entwickelte der Mensch die nachstehend beschriebenen 7 Bewusstseinsformen. Die über die Tieftrancestufe hinausliegenden 5 höheren Bewusstseinsformen, für die eine Planbeschreibung noch die R-Stufen unmöglich ist, entwickelt der Mensch im nachfolgenden Weltensystem. Immerhin werden Weltensysteme entwickeln die Hierarchien ... vom Saturn bis zum Vulkan höhere Bewusstseinsformen als der Mensch. Näheres über die im Bericht kommenden Stufen zeigt die Tabelle ...

#	Bewusstseinsform	Bewusstseinsart	Stufe
1.	Saturn-Bewusstsein	Tieftrance-Bewusstsein.	Mineralstufe. (Saturn)
2.	Sonnen-Bewusstsein	Traumloses Schlafbewusstsein.	Pflanzenstufe. (Sonne)
3.	Monden-Bewusstsein	Traumerfülltes Bilderbewusstsein.	Tierstufe. (Mond)
4.	Erden-Bewusstsein	Tagwaches oder taghelles Gegenstands- oder Ich-Bewusstsein.	Menschenstufe. (Erde)
5.	Jupiter-Bewusstsein	Psychisches oder selbstbewusstes Bilderbewusstsein.	Engelstufe. (Jupiter)
6.	Venus-Bewusstsein	Überpsychisches oder selbstbewusstes Gegenstandsbewusstsein.	Erzengelstufe. (Venus)
7.	Vulkan-Bewusstsein	Spirituelles oder schöpferisches Bewusstsein, Bewusstsein der Gottseligkeit.	Archaistufe. (Vulkan)

Ausführliche Darstellungen über die obengenannten Bewusstseinsformen finden sich im Buche "Aus der Akascha-Chronik" von Dr. Rud. Steiner. Bewusstseins 128/144.

Ausschnitt aus dem Plakat von Willy Conrad «Über die 12 Bewußtseinsstufen»

27

lebt dort in einem noch traumlosen «Tiefschlafbewußtsein». Steiner beschreibt ihn auf dieser Stufe als eine Art «Pflanzenmenschen». Im nächsten Entwicklungsschritt, dem Planetenzustand «Mond», erhält der Mensch sein drittes Wesensglied, den Astralleib oder Seelenleib hinzu. Hier lebt der Mensch in einer Art Traum- oder Bilderbewußtsein, als ein Tiermensch, denn der Astralleib verbindet ihn mit dem Tierreich. Triebe, Instinkte, Gefühle entwickeln sich.

Steiner kann diese drei ersten Wesensglieder als die niederen Wesensglieder beschreiben, die der Mensch **trägt**.[19] Was ihn jedoch eigentlich zum Menschen macht und über die Naturreiche emporhebt, ist jenes Wesensglied, das er in der gegenwärtigen Planeteninkarnation erhält: das Ich, das Bewußtsein, die ewige Individualität. Dieses Wesensglied ist in der geistigen Welt beheimatet – und es ist unsterblich, es ist ewig. Dieses Ich ermöglicht dem Menschen sein Wachbewußtsein, ermöglicht ihm zu denken und zu erkennen und Verantwortung für sein Leben zu übernehmen. Es steigt bei der Menschwerdung aus der geistigen Welt herab auf den «physischen Plan» (so Steiner gerne), verbindet sich mit den anderen Wesensgliedern und trennt sich nach dem Tod wieder stufenweise von ihnen.

Die menschliche Entwicklung während der gegenwärtigen Planetenstufe «Erde» wird vorangetrieben von «Wurzelrassen», die jeweils eine «Runde» (s.o.) dominieren. Am Anfang ist die Erde noch nicht mit einem festen Körper umgeben, wie wir es kennen, sondern während dieser «polarischen Epoche» existiert sie als eine Ätherkugel in einer Astralhülle und ist nur dem Geistesblick sichtbar.[20]

Während der «hyperboräischen Epoche» wird die (jetzige) Sonne und mit ihr das «Feinstoffliche» aus der Erde freigesetzt, es bilden sich Luft und Wasser. Der Mensch erreicht einen Zustand, der einer Feuerwolke vergleichbar ist. In der Zeit der «Lemurier» löst sich der Mond ab (und damit das «Grobstoffliche»). Auf der Erde verbleibt also ein mittlerer stofflicher Zustand. War der Mensch bislang eingeschlechtlich, so trennen sich nun die Geschlechter.

Ausführlich wird die Darstellung Steiners mit Beginn der 4. Runde, der Zeit von «Atlantis». Über die Menschen dieser Zeit weiß er viel zu sagen: sie kannten noch kein logisches Denken, doch besaßen sie eine große Kraft der Erinnerung. Sie hatten außerdem

> «Vorrichtungen, die sie – sozusagen – mit Pflanzensamen heizten, und in denen sich die Lebenskraft in technisch verwertbare Kraft umwandelte. So wurden die in geringer Höhe über dem Boden schwebenden Fahrzeuge der Atlantier fortbewegt. Diese Fahrzeuge fuhren in einer Höhe, die geringer

war als die Höhe der Gebirge der atlantischen Zeit, und sie hatten Steuervorrichtungen, durch die sie sich über diese Gebirge erheben konnten» (Aus der Akasha-Chronik, S. 22 f.).

Priester verwalteten die Geheimnisse der Eingeweihten, doch als Uneingeweihte von ihnen Kenntnis erhielten, nahm die Katastrophe ihren Lauf: Atlantis ging unter. Die Mächte des Bösen, Ahriman (das schlechthin Böse) und Luzifer (als «Lichtträger» eine ambivalente Gestalt) erhielten Macht über die Menschen. Nur die Eingeweihten am bedeutendsten Heiligtum von Atlantis, am Sonnenorakel, von Steiner auch «Christusorakel» genannt, konnten ihr Geheimwissen unversehrt bewahren. Von hier aus wird die Weisheit weitergegeben an die fünfte Zeit, die keinen eigenen Namen erhält, sondern schlicht «nachatlantisch» heißt, denn sieben Schüler des Christusorakels konnten dem Untergang von Atlantis entgehen:

> «Diese sieben Eingeweihten wurden die Lehrer und Führer derjenigen Menschen, welche in der nachatlantischen Zeit den Süden von Asien, namentlich das alte Indien, besiedelt hatten» (Die Geheimwissenschaft im Umriß, S. 272).

So begann im alten Indien die 1. nachatlantische Kulturepoche: Die **Arier** bilden die «Wurzelrasse» der nachatlantischen Zeit, sie werden zu Trägern der Evolution. Auf die sog. «Rishis» in Indien folgt die Epoche der Urperser, deren großer Eingeweihter Zarathustra sich später wieder inkarniert und damit sein Geheimwissen weitergibt: Sein Astralleib lebt im ägyptischen Hermes Trismegistos, sein Ätherleib in Mose, sein Ich geht in einen der beiden Jesusknaben ein (s. u. 3.8.). Die dritte nachatlantische Kulturepoche wird geprägt von Chaldäern und Ägyptern, die vierte von Griechen und Römern, in der fünften nachatlantischen Kulturepoche leben wir derzeit.
So wird die Staffette der geistigen Evolution weitergereicht im Raum der arischen Rasse, von Kultur zu Kultur, die anderen Menschheitskulturen, die anderen Völker und Rassen haben an dieser zielgerichteten Evolution keine Anteil.[21]
Auf der Bewußtseinsebene hat die Menschheit in der Gegenwart, der sog. «5. nachatlantischen Kulturepoche», einen Stand erreicht, der ihr ermöglicht, selbständig zu denken, ohne Vorgaben von außen. Die Evolutionsstufen in die Zukunft hinein sind bereits definiert. Im folgenden Planetenzustand «Jupiter» hat der Mensch die Aufgabe, seinen Astralleib zu vergeistigen, ihn umzuformen zum «Geistselbst». Im Zustand «Venus» wird er seinen Ätherleib vergeistigen zum «Le-

Entwicklung der Erde	Entwicklung der Menschheit
SATURNZUSTAND (Wärme)	Phys. Leib Trancebewußtsein
SONNENZUSTAND (Luft) Pflanze	Ätherleib Schlafbewußtsein
MONDENZUSTAND (Wasser) Tier	Astralleib Bilderbewußtsein
Erdenzustand	Ich Gegenstandsbewußtsein
I. Polarische Zeit	
Verbundenheit von Erde, Sonne und Mond	Anlagen zu Empfindungs- und Verstandesseele
II. Hyperboräische Zeit	
Trennung von Sonne und Erde (Gen. 1)	Anlagen zur Bewußtseinsseele
III. Lemurische Zeit	Luziferereignis: Geschlechter-
Trennung von Erde und Mond	trennung, Krankheit, Tod, traum- haftes Ichbewußtsein
IV. Atlantische Zeit	naturhaftes Bilderbewußtsein 7 atlant.
(Untergang = Gen. 7f)	Orakel: zogen nach Asien
V. Nachatlantische Zeit	
1. Altindische Kulturepoche	natürliches Hellsehen,
(7227–5067 a)	Welt = Maya
2. Altpersische Kulturepoche	Zarathustra: Gegensatz Ormuzd
(5067–2907 a)	(Licht) und Ahriman (Welt)
3. Ägypt.-Chald.-Babyl. Kulturep.	Ausbildung der Empfindungsseele
(2907–747 a)	Erkenntnis des Geistigen hinter Sinn- lichem: Astrologie und Geometrie
4. Griech.-Lat. Kulturepoche	Ausbildung der Verstandesseele
(747 a–1413 p)	Erwachen des bewußten Ich Abbildung des Geistigen im Sinnl.: Kunst, Rechts- u. Staatsordnung
5. Kulturepoche	Ausbildung der Bewußtseinsseele, vol-
(seit 1413)	le Ich-Entwicklung
6. Kulturepoche	Öffnung der Bewußtseinsseele für
(ab 3573)	Geistselbst Erinnerung an Reinkarnationen
7. Kulturepoche	Gruppierung der Menschheit nach geistigen Gesichtspunkten
VI. Erdenzeitalter	
VII. Erdenzeitalter	
JUPITERZUSTAND	Geistselbst Psych. Bewußtsein Mensch
Verbindung alter Mond und Erde keine Mineralien mehr	»spuckt Pflanzen aus«
VENUSZUSTAND	Lebensgeist Inspirationsbewußtsein
Verbindung alte Sonne und Erde keine Pflanzen mehr	Mensch schwebt, schafft Tiere
VULKANZUSTAND	Geistesmensch spirituelles Bew.
Verbindung alter Saturn und Erde keine Tiere mehr	Mensch »spricht Menschen aus«, Fort- pflanzungsorgan: Kehlkopf

Lutherisches Kirchenamt (Hg.), Handbuch Religiöse Gemeinschaften. Güters- loher Verlagshaus. Gütersloh, 4. Auflage 1993

bensleib», im «Vulkanzustand» selbst den physischen Leib vergeistigen zum «Geistesmenschen». Damit ist die Aufgabe der Menschenevolution im gegenwärtigen Weltsystem abgeschlossen.

Diese wahrhaft umfassende Theorie der Welt- und Menschenentwicklung schaut Steiner aufgrund seiner geistigen Forschung in der «Akasha-Chronik». Es gibt keine archäologischen Funde, keine naturwissenschaftlichen Theorien, die diese Sicht Steiners stützen.[22]

Die Besonderheit des anthroposophischen Menschenbildes mit seiner Viergliedrigkeit des gegenwärtigen Menschen hat Konsequenzen in vielen Lebensbereichen. So vollzieht jeder Mensch in seiner persönlichen Entwicklung die verschiedenen Stufen der Anthropogenese nach: die Wesensglieder werden nacheinander in Siebenjahres-Schritten entfaltet (Steiner sagt auch: geboren). Bei der ersten, der leiblichen Geburt, wird eigentlich nur der physische Leib geboren, die weiteren Wesensglieder sind erst angelegt. Dieser physische Leib entfaltet sich im ersten «Lebensjahrsiebt». Dabei wird vor allem der Wille entwickelt. Mit dem Zahnwechsel endet diese Epoche. Das zweite Lebensjahrsiebt reicht bis an die Pubertät heran: hier entwickelt sich der Ätherleib, und mit ihm das Fühlen. Das dritte Lebensjahrsiebt dient der Entwicklung des Astralleibes: es entwickelt sich das Denken und das Urteilen. Erst mit Ende des 3. Lebensjahrsiebts entwickelt sich das Ich, das Bewußtsein.

Diese Aufeinanderfolge der Entwicklung der verschiedenen Wesensglieder erhält in der Waldorfpädagogik große Bedeutung: alles, was ein Schüler in Waldofkindergarten und -schule erfährt – von der Methode über den Unterrichtsstoff bis zu Farben und Musik – ist an den von Steiner geschauten Erfordernissen für die Entwicklung des gerade in Entfaltung begriffenen Wesensgliedes ausgerichtet.

3.4. Schlaf, Tod und neues Leben[23]

Schlaf und Tod sind in Steiners Verständnis nahe miteinander verwandt. Sie werden ja auch außerhalb der Anthroposophie gerne miteinander verglichen, der Schlaf gilt als der kleine Bruder des Todes. Das wird in der Anthroposophie genau erklärt. Im Schlaf wie im Tod haben wir es – nach Steiner – mit ähnlichen Vorgängen zu tun: es trennen sich die Wesensglieder, die beim wachen Menschen untrennbar zusammengehören. Beim Schlafen bleiben nur der physische Leib und der Ätherleib beieinander im Bett liegen, Astralleib und Ich ziehen

Tabelle: Der Mensch und seine Glieder

Glieder des Menschen	Bildung der Glieder	Funktion der Glieder
1. Physischer Leib	1.–7. Lebensjahr	
2. Ätherleib oder Lebensleib	7.–14. Lebensjahr	Temperamente und Charaktereigenschaften
3. Astralleib	14.–21. Lebensjahr	Begierden und Leidenschaften
4. Ich (als Seelenkern) a) Empfindungsseele b) Verstandesseele c) Bewußtseinsseele		Denken, Fühlen, Wollen, Vermittlung zwischen Geist und Leib
5. Geistselbst oder Manas	durch Ich umgestalteter Astralleib	höheres Bewußtsein
6. Lebensgeist oder Buddhi	durch Ich umgestalteter Ätherleib	geistige Lebenskraft
7. Geistesmensch oder Atma	durch Ich umgestalteter physischer Leib	selbständige geistige Wesenheit

Lutherisches Kirchenamt (Hg.), Handbuch Religiöse Gemeinschaften. Gütersloher Verlagshaus. Gütersloh, 4. Auflage 1993

derweil in höhere Welten aus. Daher dauern die lebenswichtigen Funktionen fort, bewußtes Leben ist während des Schlafes aber nicht vorhanden:

> «Was aber im Schlafe ausgelöscht ist, das sind die Vorstellungen, das ist Leid und Lust, Freude und Kummer, das ist die Fähigkeit, einen bewußten Willen zu äußern und ähnliche Tatsachen des Daseins» (Geheimwissenschaft, S. 82).

Astralleib und Ich machen sich währenddessen auf in die übersinnliche, geistige Welt, wo sie «leibfrei» tätig sind (ebd. S. 84). «Der Astralleib kehrt während des Schlafes in seine Heimat zurück und bringt sich beim Erwachen neugestärkte Kräfte in das Leben mit» (ebd. S. 88). Er erhält also dort «im Weltall» (S. 87) jene übersinnliche Nahrung, die ihm die nötige Kraft gibt, seine Aufgaben im Wachzustand in der Verbindung mit physischem Leib und Ätherleib zu erfüllen.

Am physischen Leib arbeiten in der Zwischenzeit geistige Wesen, um die «abgenutzten Organe zu erfrischen» (ebd., S. 94). So erholen sich während des Schlafs alle Wesensglieder auf je ihre eigene Weise. Auch beim Tod trennen sich die Wesensglieder, doch ungleich radikaler: auch der Ätherleib, der Lebensleib, verläßt den physischen Leib. Der ist aber allein nicht lebensfähig und zerfällt. Ätherleib, Astralleib und «ewige Individualität» bleiben noch einige Tage beisammen, dann trennen auch sie sich. Der Ätherleib kehrt in den Weltenäther zurück (ebd., S. 94). Der Astralleib durchlebt gemeinsam mit dem Ich noch einmal in einem Läuterungsprozeß das gerade zuende gegangene Erdenleben vom Ende her. Diese Läuterungsphase dauert etwa ein Drittel der vergangenen Lebensdauer (ebd., S 106). Anschließend löst sich das Ich vom Astralleib, der in die astrale Welt zurückkehrt und als «Astralleichnam» zurückbleibt, ebenso wie der Ätherleib zum ätherischen Leichnam wurde.

> «Für die übersinnliche Erkenntnis gibt es somit drei Leichname, den physischen, den ätherischen und den astralischen» (ebd., S. 105).
> «Für die übersinnliche Beobachtung sind in der menschlichen Umwelt fortwährend Astralleichname vorhanden, die abgeworfen sind von Menschen, welche aus dem Läuterungszustande in ein höheres Dasein übergehen» (ebd., S. 106).

Das Ich gelangt nach dieser Läuterung in eine vielfach gegliederte und gestaltete geistige Welt («Geisterland», ebd. S. 111), in der es seine Individualität behält und in die es «Erträgnisse» aus dem sinnlichen Leben mitbringt (ebd. S. 115). In der Folgezeit wird die Individualität von geistigen Wesen geschult, neu aufgebaut, um zu einem bestimmten Zeitpunkt ein neues Erdenleben zu beginnen – in der Regel Jahrhunderte später. Dazu wird zunächst ein Astralleib aufgebaut, dann werden ein Ätherleib und ein physischer Leib gesucht (ebd. S. 117). Das Ich und der Astralleib suchen sich Eltern (bzw. werden von geistigen Wesen zu Eltern geleitet), von denen die beiden niederen Wesensglieder stammen. Kurz vor der neuen Inkarnation schaut das Ich sein kommendes Leben, die Hindernisse, die es in früheren Leben aufgebaut hat und die er nun wegzuräumen hat, wenn es in seiner Entwicklung vorankommen will (ebd., S. 118f.).
Während der Zeit in der geistigen Welt können Menschen auf der Erde hilfreich für dieses Ich (das «Verstorbene» also) wirken, indem sie ihnen bestimmte Vorträge von Steiner vorlesen, um so ihre Entwicklung in der geistigen Welt zu beschleunigen:

Tabelle: Der Mensch und die geistigen Welten

Geistige Welten	Inhalt der Welten	Mensch in geistigen Welten
1. Physische Welt		Wachzustand des Menschen
2. Astralwelt (7 Stufen)	Sympathie und Antipathie	*Schlaf:* Astralleib und Ich *nach Tod:* Läuterung der Begierden *Imagination:* Farben und Bilder
3. Geisterland oder Devachan a) Rupa-Devachan (4 Stufen)	Geistige Urbilder alles Physischen, Ätherischen Astralen und Gedanklichen	*nach Tod:* Erleben der Urbilder *Inspiration:* Sphärenharmonie
b) Arupa-Devachan o. Oberes Geisterland (3 Stufen)	Akasha – Chronik	*nach Tod:* 1. Assimilierung des Karma 2. Arbeit an Welt *Intuition:* geistiges Sprechen Einsicht in Reinkarnationen und Karma

Lutherisches Kirchenamt (Hg.), Handbuch Religiöse Gemeinschaften. Gütersloher Verlagshaus. Gütersloh, 4. Auflage 1993

«In vielen Vorträgen hat Rudolf Steiner konkrete Anweisungen gegeben, wie wir uns mit den Verstorbenen, die uns im Leben nahestanden, in geistiger Realität übend verbinden können. Wir haben Meditationen für die Toten erhalten. Wir wissen, daß wir ihnen ‹vorlesen› können, nachdem wir uns ein Bild von ihnen vor unser Seelenauge gestellt haben, wie sie sich im Leben bis in die Sprechweisen, die Gesten, die Bewegungen verhielten»[24].

Der Tod ist nicht endgültig, Tod und Leben gehen ineinander über, denn der Mensch steht unter dem Gesetz der Wiedergeburt, der Reinkarnation. So sieht es jedenfalls Steiner. Davon wird noch zu handeln sein.

3.5. Kosmische Einflüsse: Der Mensch zwischen Makrokosmos und Mikrokosmos

Der Mensch ist nicht nur eingepaßt in eine zeitenübergreifende Weltentwicklung, er ist auch umgeben von einer Fülle geistiger Wesenheiten, die auf ihn Einfluß nehmen. Steiner kennt eine zwölfstufige geistige Hierarchie. Den Menschen am nächsten stehen die Engel, über ihnen stehen die Erzengel, es folgen «Archai» («Mächte»), Geister der Form, Geister der Bewegung, Geister der Weisheit, Throne, Cherubime und Serphime. All diese höheren Wesenheiten wirken mit an der Evolution des Menschen. Sie haben seine höheren Wesensglieder vertreten, als erst nur ein «physischer Leib» existierte, sie schulen den Menschen während des Schlafs und in der Zeit zwischen Tod und neuer Geburt. Sie überwachen hilfreich seine Schritte auf dem «physischen Plan».

Ergänzend zu diesen höheren Wesen nennt Steiner eine Fülle niederer, untermenschlicher Wesen, wie Nixen, Elfen, Sylphen, Kobolde, Trolle und andere mehr. Sie gelten als reale Wesenheiten und werden den Kindern im Waldorfkindergarten und am Anfang der Waldorfschule nicht nur als Märchenfiguren oder mythische Wesen, sondern als Teile der nicht-materiellen, aber auf den Menschen Einfluß nehmenden Welt nahegebracht.[25]

Der Mensch ist ein Zwischenwesen, er steht zwischen diesen Mächten der übersinnlichen und der untersinnlichen Welt, wie er zwischen den geistigen und der physischen Welt, zwischen Gut und Böse, Makrokosmos und Mikrokosmos steht.

Die bedeutendsten Einflüsse auf den Menschen aber haben die großen Mächte des Guten wie des Bösen. Die Macht des Guten, wird von Steiner mit wechselnden Namen versehen: Er bezeichnet sie als die «große Mutterloge der Menschheit», die «Väter in den Himmeln», das «Vatergöttliche» und auch – in der Terminologie Zarathustras – als «Ahuro Mazdao». Hinzu kommt die Christus-Wesenheit, die bereits lange vor ihrem Kommen auf die Erde für die Menschen Gutes wirkt. Ihnen entgegen wirken zwei Mächte des Bösen: «Ahriman» (wieder eine Bezeichnung aus dem Zarathustrismus) und Luzifer. Ahriman verkörpert das Böse schlechthin, das Widergöttliche. Luzifers Rolle dagegen ist ambivalent: einerseits ist er – auch nach seinem Sturz – «Lichtträger» (so die wörtliche Übersetzung des lateinischen Wortes), andererseits verführt er die Menschen, sich von der geistigen Welt abzuwenden.

Die menschliche Entwicklung in der «nachatlantischen» Zeit ist von Abstieg und Aufstieg geprägt. In der ersten Phase ist die Verbindung zur geistigen Welt noch sehr eng, der Mensch hat noch kein Bewußtsein von sich selbst. Das ändert sich erst, als ihm Lucifer zur ersten Erkenntnis verhilft. Luzifer bringt den Menschen die technische Intelligenz, die kritische Potenz, die die Menschheit in vielen Lebensbereichen einen großen Aufschwung erleben läßt. Doch diese Entwicklung kommt für den Menschen zu früh, wird mit der Abwendung von der geistigen Welt erkauft, mit der zunehmenden Verstrickung in die Materie, schließlich mit dem Vergessen der geistigen Heimat.

Steiner kann das auch mit theologischen Worten sagen: Das Hören auf die Stimme Luzifers bewirkt den Fall des Menschen aus der (paradiesischen) geistigen Welt, der in der Anthroposophie auch mit dem biblischen Bild des Sündenfalls benannt werden kann. Dieser Abstieg ist einerseits Schuld, andererseits aber ein notwendiger Entwicklungsschritt, um den Menschen bestimmte Erfahrungen machen zu lassen, die ihm in der geistigen Welt verwehrt blieben: Erfahrungen der Individualisation, der Ausbildung eines eigenen Ich, das Verantwortung für sich und für seine Taten übernehmen kann und muß. Der Mensch ist schicksalhaft in diesen Abstieg aus der geistigen Welt in die Materie eingebunden, der auch wiederum mit dem theologischen Wort «Erbsünde» bezeichnet werden kann. Nur wenige Eingeweihte können den Prozeß durchschauen und aus eigener Kraft dem Abstieg entgegenwirken. Für die ganze Menschheit aber werden Abstieg und Verstrickung, «Fall» und «Erbsünde» erst durch das Christus-Geschehen aufgehoben (dazu s. u. 3.8.).

Der Mensch wird von all diesen Kräften umworben. Er hat im gegenwärtigen Stadium seiner Entwicklung eine solche Entwicklung seines Bewußtseins erreicht, daß er frei wählen kann zwischen Gut und Böse. Er ist daher für seine Taten und ihre Folgen verantwortlich: Sie gehen in sein Karma ein.

3.6. Reinkarnation und Karma

Es ist schon mehrfach angeklungen: Das anthroposophische Menschenbild ist ohne die Bejahung der Reinkarnationsvorstellung nicht denkbar. Für Steiner ist der Mensch zwei geistigen Gesetzen unterworfen: dem Gesetz der Reinkarnation und dem Gesetz des Karma, ander formuliert: dem *Gesetz der Entwicklung* und dem *Gesetz der Kausalität*. Steiner formuliert:

> «Das Gesetz der Reinkarnation oder Wiedergeburt besteht darin, daß der Mensch nicht nur einmal lebt, sondern daß das Leben des Menschen in einer ganzen Anzahl von Wiederholungen verläuft, die allerdings einmal einen Anfang genommen haben und einmal ein Ende finden werden» (Wiederverkörperung, S. 55 f.).

In diesem Zitat wird deutlich, daß Steiner nicht an ein endloses Rad der Wiedergeburten denkt, sondern eher an eine Spirale mit einem Anfang und einem Ende. Allerdings liegen Anfang und Ende weit außerhalb unserer geschichtlichen Zeit. Die Inkarnationen begannen, als der Mensch Bewußtsein ausbildete und damit Verantwortung für sein Leben übernehmen konnte. Dies war zuerst Adam möglich, nachdem er vom Baum der Erkenntnis gegessen hatte. Die Inkarnationen werden enden in einer unübersehbar fernen Zukunft, wenn der Mensch mit all seinen Wesensgliedern in die geistige Welt aufgestiegen sein wird, also auch seine drei niederen Wesensglieder vergeistigt hat. Steiner versucht, dieses Gesetz durch «äußere Beobachtungen» zu erhärten: so sei das Genie eines genialen Menschen (z. B. Newton oder Goethe) nicht von den Eltern ableitbar, sondern allein von dessen vorheriger Inkarnation. Denn wie im Reich der Naturgesetze (nach Darwin und Haeckel), so gebe es auch im geistigen Bereich keine Sprünge, sondern nur eine schrittweise Entwicklung. So sagt Steiner:

> «Man stellt sich doch vor, daß eine Tierart aus einer ähnlichen hervorgeht, die nur um einen Grad tiefer steht als sie. Also muß Newtons Seele aus einer solchen hervorgegangen sein, die ihr ähnlich, nur in seelischer Beziehung einen Grad tiefer ist als sie... Also verstehe ich das, was ich in Newtons Biographie umfasse, wenn ich es mir entwickelt denke aus dem Biographischen einer Seele, die ihr ähnlich, als Seele mit ihr verwandt ist. Demnach war Newtons Seele in anderer Form bereits da» (Reinkarnation und Karma, S. 26 f.).

Mit «also» und «demnach» wird dem Leser ein logischer Schluß suggeriert – aber die Grundlagen machen eine solche Denkfigur keineswegs zwingend! Für Steiner liegt die Klarheit seiner Sätze auf der Hand: «Für ein klares Denken gibt es kein Entrinnen aus dieser Anschauung» (ebd., S. 27). Doch ob im geistig-seelischen Bereich solche Gesetzmäßigkeiten herrschen, ist damit natürlich keineswegs überzeugend nahegebracht – und schon gar nicht bewiesen. Die Grundlage (Prämisse) dieses logischen Schlusses bleibt im Raum der Behauptung.

Während der nicht eingeweihte Mensch nur zu äußerer Beobachtung fähig ist und das Gesetz der Wiederverkörperung nur durch solche Schlußfolgerungen einsehen kann, hat der Anthroposoph – nach Steiner – noch andere, viel direktere Möglichkeiten: dem Schauenden enthüllen sich «Tatsachen». So beobachtet der Schauende den Wechsel des Ich zwischen Erde und geistiger Heimat wie den Wechsel des Aggregatszustands bei Naturstoffen:

> «Wir können Eis in Wasser und Wasser in Eis verwandeln. So verwandelt sich auch Geist in Leib. Der Leib zerfällt, aber der Geist in ihm bleibt und erscheint in immer neuen Formen. ... Es zeigt sich da, wie der Mensch ein Wechselleben führt zwischen Geburt und Tod: das Leben im Leib und das zwischen Tod und einer neuen Geburt, bis er zu einer neuen Verkörperung schreitet, das Leben im Geistigen» (Die Erkenntnis der Seele und des Geistes, in: Wiederverkörperung, S. 25).

Ursprünglich ist die Reinkarnationslehre in den alten Religionen Süd-Ost-Asiens beheimatet. Für ihre Einfügung in westliches Denken, wie es die Anthroposophie versucht, mußten wesentliche Punkte neu formuliert werden. So gilt in der Anthroposophie: der Mensch kann nur als Mensch wiedergeboren werden. Und zwischen den einzelnen Erdenleben liegen lange Perioden des Aufenthalts in der «geistigen Welt», von Steiner als «Pralaya» bezeichnet. Dort wird das Ich mit allen guten und schlechten Taten des vergangenen Erdenlebens konfrontiert, es wird von höheren geistigen Wesenheiten geschult und auf das nächste Erdenleben vorbereitet.

Die Folge der Inkarnationen hat bei Steiner ein Ziel: Der Mensch bringt aus der geistigen Welt den Auftrag mit, sich selbst zu vergeistigen – zunächst sein Bewußtsein ganz auf Geistiges einzustellen, dann aber auch die niederen Wesensglieder zu vergeistigen, so daß der Mensch am Ende dieser Entwicklungsreihe ganz in der geistig-göttlichen Welt zu Hause ist. Die Folge der Inkarnationen wird also nicht verstanden als eine qualvolle Einbindung in das Rad der Wiedergeburten, sondern als eine Chance zur Entwicklung: Der Mensch kann seine Möglichkeiten, seine in ihm angelegten Fähigkeiten in der Folge von Erdenleben ausbilden und verwirklichen. Das Ziel, das er zu erreichen hat, ist so weit gespannt und so hoch angesetzt, daß ein einziges Erdenleben dazu nicht ausreicht.

Die Intervalle der Reinkarnation sind regelmäßig, so daß – mit gewissen Variationen – immer die gleichen Menschen miteinander auf der Erde sind. Es sind **Zeitgenossen** durch die verschiedenen Inkarnationen hindurch:

«Wenn Sie in einem Erdenleben mit gewissen Menschen zusammen sind, so waren Sie auch in einem früheren Erdenleben – wenigstens im allgemeinen, die Dinge können sich auch etwas verschieben – mit den Menschen zusammen, und ebenso wiederum in einem früheren Erdenleben. ... Im allgemeinen werden die Menschen, ich will sagen der B-Reihe, mit den Menschen der A-Reihe...nicht zusammenkommen» (Die Bildung des Karma zwischen Tod und neuer Geburt, in Wiederverkörperung, S. 198 f.).

Steiner bezeichnet diesen Gedanken als bedrückend, aber wahr. So gilt: «einMenschenschub geht im allgemeinen fort von einem Erdenleben zum anderen» (ebd., S. 199).

Nur so sei es möglich, daß Menschen die Gelegenheit erhalten, Schuld, die sie einander zugefügt haben, in einem späteren Leben wieder gutzumachen. Das leitet bereits über zum zweiten geistigen Gesetz, zum **Gesetz des Karma**.

«Das Gesetz des Karma sagt, daß unser Schicksal, dasjenige, was wir im Leben erfahren, nicht ohne Ursache ist, sondern daß unsere Taten, unsere Erfahrungen, unsere Leiden und Freuden in einem Leben abhängen von den vorhergehenden Leben, daß wir uns in den verflossenen Lebensläufen unser Schicksal selbst gezimmert haben. Und so, wie wir jetzt leben, schaffen wir uns die Ursachen für das Schicksal, das, wenn wir wiederverkörpert werden, uns treffen wird» (Reinkarnation und Karma, in: Wiederverkörperung, S. 56).

Dieses geistige Ursachengesetz gilt ohne Einschränkung. Steiner kann das Karma auch mit einem Konto vergleichen:

«Das Gesetz des Karma läßt sich vergleichen mit dem, was ich in einem Kontobuch habe. Links und rechts haben wir bestimmte Zahlen. Wenn wir links und rechts addieren und dann voneinander abziehen, bekommen wir den Stand der Kasse. Das ist ein unabänderliches Gesetz. Je nachdem meine vorhergehenden Geschäfte verlaufen sind, wird der Stand der Kasse gut oder schlecht sein» (ebd., S. 71).

Grund zum Fatalismus ist allerdings nicht gegeben, denn

«so bestimmt dieses Gesetz auch wirkt – ich kann doch neue Geschäfte hinzufügen, und der ganze Stand ändert sich ebenso gesetzmäßig, wie er sich früher geändert hat» (ebd.).

Das heißt konkret:

«Es steht mir frei, der Wirkung entgegenzuarbeiten, eine andere Handlung zu schaffen, die in gesetzmäßiger Weise etwa schädliche Folgen der früheren Handlung aufhebt» (ebd., S. 70 f.).

Es ist die ewige Frage nach der Gerechtigkeit der Welt, nach dem «Warum» eines Schicksals, die zu Steiners Karmagesetz hinführt:

«Warum ist dieses und jenes? Vor diesem Warum steht die ganze äußere Wissenschaft vollständig ratlos da, weil sie ihr Gesetz von Ursache und Wirkung nicht anzuwenden weiß auf die geistigen Erscheinungen» (ebd., S. 65).

Das Karmagesetz dient bei Steiner also der Erklärung des Schicksals. Es führt die Prinzipien der Rationalität und der Moral in den Ablauf eines Lebens, eines geschichtlichen Zusammenhangs ein. Nichts geschieht ohne Grund. Nichts trifft einen Menschen zufällig oder durch Zuweisung eines gütigen oder zornigen Gottes. Alles ist gerecht. Alles, was geschieht, wird so gerechtfertigt und erklärt. Und wer sich auf den Weg der anthroposophischen Schulung macht, so wird versprochen, der kann Einblick gewinnen in dieses Karmagesetz und wird verstehen, warum alles ist, wie es ist.

Der Mensch wird sich dann gezielt dafür einsetzen können, die eigenen Chancen, aber auch die Prognosen anderer für ein zukünftiges Leben zu verbessern. Wir sind als Menschen immer berufen,

«den anderen Menschen zu helfen, ihr Karma in richtiger Weise auszutragen. Der versteht nichts von Karma, der meint, er müsse den Menschen seinem Karma überlassen. Wenn wir einen Menschen finden, der uns angelogen hat, und wir würden glauben, er müsse sein Karma austragen, so würden wir damit zeigen, daß wir nichts von Karma richtig verstehen. Denn die richtige Idee würde sein, daß wir zunächst möglichst Hilfe spenden» (Wiederverkörperung, S. 123).

So ist es eine karmische Pflicht, «Mitgefühl» für andere Menschen zu entwickeln, ohne dabei auf einen (karmischen) Lohn zu «spekulieren» (ebd., S. 124).

Der Mensch erleidet Karma – und der Mensch bildet Karma. Die Einsicht in das karmische Walten wird damit auch zu einem Impuls, das gegenwärtige Leben in einer bestimmten Weise zu führen und wird so zu einer Lebenshilfe:

«Jetzt ist vielleicht ein Ereignis schmerzlich, weil es uns bloß als Wirkung des Vorhergehenden entgegentritt; aber es kann auch so betrachtet werden, daß es als Ausgangspunkt für ein Folgendes angesehen wird ... So kann das Karmagesetz selber der Quell sein einer Tröstung. Die Tröstung wäre nicht da, wenn wir uns gewöhnten, ein Ereignis nur an das Ende und nicht an den Anfang einer Erscheinungsreihe zu setzen» (Wesen und Bedeutung des Karma, in: Wiederverkörperung, S. 39).

Die Art, wie ein Mensch an seinem Schicksal arbeitet, prägt das kommende Leben. Die Anteilnahme am Geschick anderer bildet positives Karma. So stellt Steiner karmische Regeln auf:

> «Wir können aus einer ehernen Notwendigkeit heraus unbedingt aufstellen die Reihe: Liebe – Freude – offenes Herz» (Die Bildung des Karma, in: Wiederverkörperung, S. 197). «Was als Freude von der Liebe kommt, das wird im dritten Erdenleben… ein offenes, freies Herz, das uns die Welt nahebringt, das uns für alles Schöne, Wahre, Gute den freien, einsichtsvollen Sinn gibt» (ebd., S. 192).

In gleicher Weise behauptet Steiner eine negative Folge: Wer in einem Leben stark haßt, wird im nächsten Leben viel Leid erfahren und im übernächsten Leben dumpf und stumpf sein gegen geistige Dinge (ebd., S. 197).

Karma bilden kann allein ein Mensch, der durch sein Ich in der Lage ist, Verantwortung für sein Handeln zu übernehmen. Der Mensch kann bewußt Gutes oder Böses tun, er kann sich dem Geistigen öffnen oder verschließen, er kann für den Mitmenschen da sein oder kann egoistisch leben. Sein wahres Lebensziel – durch die Reihe der Inkarnationen hindurch – besteht nun darin, negatives Karma aufzuheben, um damit zur Vergeistigung zu gelangen, zur Höherentwicklung:

> «Das ist es, was wir als das große Ziel des menschlichen Lebens sehen, von dem Karma, das einmal verursacht worden ist, wieder befreit zu werden. Zielpunkte zu finden für das Kontobuch des Lebens, das liegt in der Hand eines jeden einzelnen Menschen» (Reinkarnation und Karma, in: Wiederverkörperung, S. 71).

Die Gesetze von Reinkarnation und Karma erfordern eine angemessene Erziehung, in der Kinder und Jugendliche von Lehrern, die Einblick in diese Gesetzmäßigkeiten haben, geschult werden. Für die Lehrer sind die Kinder nicht nur Menschen mit wenigen Lebensjahren, sondern sie sehen in ihnen jene Individualitäten, die durch viele Erdenleben gegangen sind – und gemeinsame frühere Erfahrungen mit den Lehrern haben. Selbst die Zusammensetzung einer Waldorfklasse ist nicht «zufällig», sondern karmisch bedingt.

So erteilte etwa ein erfahrener Waldorflehrer einer jungen Kollegin, die mit einem Schüler disziplinarische Schwierigkeiten hatte, folgenden Rat:

> «Vor dem Einschlafen stelle ich mir die Frage, indem ich mir den Schüler vergegenwärtige: was war es eigentlich, was dich veranlaßte, zu mir in die Klasse zu kommen? Wir haben doch offenkundig miteinander zu tun, sonst wärst du nicht da, da liegt Geschick darin. Was willst du von mir? Was ich

von dir?» (nach Stefan Leber, Waldorfpädagogik erzieht nicht auf eine Norm hin, in: Im Vorfeld des Dialogs, S. 156).

Auch äußere Kennzeichen sollen dem Geschulten karmische Zusammenhänge verraten, so etwa das Trippeln, das auf ein leichtfertig verbrachtes letztes Leben schließen läßt und keine solide Lebensleistung in diesem erwarten läßt (Steiner, Die Kunst des Erziehens aus dem Erfassen der Menschenwesenheit, S. 29). Hier zeigen sich problematische Konkretionen der Karma-Lehre, die auch in der Waldorfpädagogik immer wieder zu Schwierigkeiten führen.

Bislang war nur vom Karma des einzelnen Menschen die Rede. Steiner kennt aber weitere karmische Gesetzmäßigkeiten: er spricht vom «Volkskarma», vom «Zeitenkarma», vom «Weltenkarma». So habe z.B. jedes Volk karmisch bestimmte Aufgaben zu bewältigen: das deutsche Volk hat z. B. eine Vermittlung zu leisten zwischen dem westlichen und dem östlichen Volkscharakter.

Ein wesentliches Element der Steinerschen Karmalehre besagt, daß jede Tat **auf doppelte Weise** Karma bildet: sie geht ins Karma des Täters ein, und sie drückt zusätzlich ihren Stempel der ganzen Erde ein, die nach dieser Tat verändert ist. So wird das Weltenkarma eine Art Spiegel aller einzelnen Geschicke. Während das Karma des einzelnen vom Verursacher selber zu bearbeiten ist, keine Vergebung, keine göttliche Gnade ihm die Schuld abnehmen kann[25], hat er auf die andere Seite seiner Tat keinen Einfluß. Dieses Weltenkarma zu bewältigen ist Aufgabe der geistigen Welt – es wird getilgt durch die Tat der Christuswesenheit beim Mysterium von Golgatha. Davon wird im Folgenden zu handeln sein.

3.7. Gott und das Göttliche

Steiners Aussagen zu seinem Gottesbild sind vielfältig. Kaum einmal spricht er von Gott als einem personalen Gegenüber des Menschen, doch überwiegen andere Formulierungen. Er spricht von «Ahura Mazdao» (wie Ur-Zarathustra), vom «Vatergöttlichen», von der «großen Mutterloge der Menschheit», auch von den «Vätern in den Himmeln», auch von der «höchsten Göttlichkeit»[26]. Dieser Gott ist dem Menschen so fern, daß selbst die Gebete nur die niederen geistigen Hierarchien (Engel und Erzengel) erreichen.

Dabei ist er kein Gegenüber zum Menschen, sondern verhält sich zur ewigen Individualität des Menschen wie der Ozean zum Tropfen. Gott und Mensch sind also im Prinzip gleichen Wesens. Darum bedarf auch der Mensch, der das erkennt, nicht einer äußeren Offenbarung. Gott redet ihn nicht von außen an, sondern ist in seinem Innern zu finden durch übersinnliche, anthroposophische Erkenntnis. In der jetzt erreichten Kulturstufe wird Offenbarung von außen durch innere Erkenntnis abgelöst.[27]

Das «Vater-Göttliche» durchwebt als geistige Wesenheit den ganzen Kosmos. Wie immer Steiner es auch definiert, es ist auf jeden Fall nicht der Gott des Alten Testaments, ist nicht Jahve. Jahve ist lediglich der Gott Israels, eine Wesenheit, die in der Heilsgeschichte die Aufgabe hatte, Israel auf das Kommen des Christus vorzubereiten. Mit dem Kommen des Christus ist seine Aufgabe erfüllt.

Jahve ist in all seinem Tun dem Christus untergeordnet. Steiner behauptet, sieben Elohim seien an der Schöpfung beteiligt gewesen. Anschließend hätten sie sich getrennt: sechs von ihnen seien beisammen geblieben und hätten ihren Wohnsitz auf der Sonne genommen. Sie bilden gemeinsam den großen Sonnengeist, wirken von der Sonne durch die Wärmestrahlen, die zugleich Strahlen göttlicher Liebe sind, zum Wohl der Menschen. Gemeinsam bilden sie die Christus-Wesenheit, die zur Zeitenwende auf die Erde hinabsteigt.

Der Siebte der Elohim aber nahm abweichend seinen Wohnsitz auf dem Mond. Er war Jahve und führte Israel. Seine Vollmacht war aber nur vom Christus übertragen: Wie der Mond sein Licht von der Sonne erhält, so erhielt Jahve seine Vollmacht von Christus.

> «Christus lebte schon im Jehova, im Jahvegott; aber er lebte wie in seinem Abglanz. Wie das Mondenlicht das Sonnenlicht zurückstrahlt, so strahlt Jahve die Wesenheit, die dann im Christus lebte, zurück. Christus strahlte zurück sein Wesen aus dem Jahve- oder Jehovagott» (Christus und die geistige Welt, S. 72).

Die Mondfeste der Juden und die häufige Verwendung des Bildes der Sonne für Christus in der christlichen Tradition (man vergleiche z. B. viele Choräle!) seien eine Auswirkung dieser esoterischen «Wahrheit»:

> «Der Mond ist das Symbol für Jahve oder Jehova, und die Sonne ist nichts anderes als das Symbol für den Logos, der die Summe der anderen sechs Elohim ist» (Johannes-Evangelium, S. 55).

Mit solchen Vorstellungen ist der Boden der Bibel, des Alten wie des Neuen Testaments verlassen, die Steinerschen Spekulationen haben kaum noch Anhaltspunkte am biblischen Text, mehr als einzelne Begriffe, Formeln, bleiben nicht. Denn weder kann das Vater-Göttliche einen Bund mit der Menschheit bzw. mit dem Volk Abrahams und Moses' schließen, noch wird respektiert, daß der Gott des AT von Jesus Christus als Vater angerufen wird. Die Christenheit hat vom Anfang bis zur Gegenwart an der Einheit des Gottes Jahve, wie er im Alten Testament bezeugt ist, mit dem Vater Jesu Christi festgehalten. Es gibt nur wenige Ausnahmen, die mit dieser Unterscheidung das Alte Testament abwerten wollten, die damit zumeist antijudaistisch bzw. in der jüngeren Vergangenheit antisemitisch geprägt waren.

Es überrascht auch nicht, daß dieses Vater-Göttliche bei Steiner nicht zum Gegenüber des Menschen wird, sondern als Empfänger von Gebeten «niedere geistige Wesenheiten» auf der Engel- bzw. Erzengelstufe definiert werden. Christen dringen mit ihrem Ruf nach Gott angeblich nicht durch bis zum «Vatergöttlichen», sondern nur bis zum himmlichen Hofstaat. Nur der Geistesforscher kann hindurchdringen durch die niederen Schichten himmlischer Wesenheiten und über die wahren himmlischen Hierarchien berichten.

3.8. Von Jesus zu Christus

Nicht weniger bibelfremd als seine Gottesvorstellung ist Steiners «Christosophie»[28]. Sie enthält zwar viele Elemente, die der Bibel verwandt sind, speist sich jedoch letztlich aus anderer Quelle – aus der Akasha-Chronik. Die häufige Verwendung biblisch-christlicher Begrifflichkeit erschwert ein Verständnis dessen, was Steiner unten den jeweiligen Worten versteht.

Wie in den Schriften des Neuen Testaments wird das Kommen des Christus auch in der Anthroposophie als entscheidende Wende der Menschheitsgeschichte verstanden. Dennoch beginnen schon hier die Divergenzen: Für die Zeugen des Neuen Testaments, denen die Kirche all die Jahrhunderte hindurch, so gut sie konnte, gefolgt ist, überbrückt Jesus Christus mit seinem Tod und seiner Auferstehung den Abgrund, der zwischen Gott und uns Menschen besteht. Er versöhnt Gott und Mensch, er ruft in die Entscheidung für oder gegen ihn, er eröffnet einen Glaubensweg zu Gott, der allein in der Annahme der Gnade besteht. Die Fülle des Heils ist damit für jeden Menschen da. Der sündige, schuldbeladene Mensch wird von Gott «gerechtfertigt» – Gott macht ihn gerecht, rechnet ihm seine Schuld nicht zu.

Rudolf Steiner sieht dagegen im Kommen des Christus und im «Mysterium von Golgatha» den dramatischen Wendepunkt in der

Äonen während Entwicklung des Menschen. Zu einem Zeitpunkt, zu dem einerseits das Bewußtsein bereits stark entwickelt, andererseits aber auch noch atavistisches Hellsehen möglich war, sendet die «göttliche Vaterwelt» den Christus auf die Erde herab.

Damit stoppt Christus – prinzipiell – den Abstieg der Menschheit in die Materie und ermöglicht – prinzipiell – den Aufstieg in die geistige Welt – prinzipiell deshalb, weil de facto dies erst geschieht mit dem Auftreten Rudolf Steiners und der Entwicklung der Anthroposophie. Wer ist nun Jesus, und wer der Christus in Steiners Vorstellung? Steiner trennt Jesus und Christus grundsätzlich voneinander.[29] Christus, von Steiner immer als höchste «geistige Wesenheit» beschrieben, verkörpert sich im Lauf des Geschehens um die Zeitenwende in Palästina in den Menschen Jesus von Nazareth.

Der Mensch Jesus von Nazareth hat bereits eine Reihe von Inkarnationen durchlebt, durch die er vorbereitet wurde auf seine Aufgabe, den Christus in sich aufzunehmen. Genauer gesagt: es sind sogar **zwei** Individuen, die lange und aufwendige Entwicklungen in verschiedenen Inkarnationen mit verschiedenen geistigen Erfahrungen durchgemacht haben.

Diese beiden werden zur Zeitenwende in Palästina geboren – **zwei Jesusknaben**, die zu Eltern jeweils eine Maria und einen Josef haben – häufige Namen, daher sei diese Doppelung nicht ungewöhnlich. So liest er es in seiner Akasha-Chronik – und findet es bestätigt in den beiden Geburtsgeschichten von Matthäus und Lukas, die sehr unterschiedliche Geschehnisse berichten und außerdem verschiedene Vorfahren Jesu benennen. Den Jesusknaben, von dem Matthäus berichtet, nennt er den «salomonischen» oder «königlichen» Jesusknaben, denn sein Stammbaum nennt den König Salomo als Vorfahren Jesu. Den Jesus des Lukas bezeichnet er als «nathanischen» oder «profetischen» Jesusknaben, da dessen Stammbaum den Davidsohn Nathan als Vorfahren nennt.

Der Jesus des Matthäus ist zudem eine Inkarnation des Zarathustra, der Jesus des Lukas wird umschwebt von der Aura des Buddha:

> «Da haben wir die Kraft des in der vorchristlichen Zeit weisesten Menschen, des Zarathustra, in dem einen Jesusknaben. Wir haben des andern Aura durchhellt und durchleuchtet von dem, was von Buddha ausgegangen ist» (Weihnachtsfeier, S. 34).

Zarathustra hatte zuvor bereits seinen Ätherleib und seinen Astralleib weitergegeben: den Astralleib dem ägyptischen Hermes (oder Thoth), den Ätherleib dem Mose.[30] Das Ich Zarathustras inkarniert sich im matthäischen Jesusknaben.

Von all diesen Spekulationen findet sich in Evangelien des Neuen Testaments keine Spur – weder von Buddha noch von Zarathustra. Allerdings haben Matthäus und Lukas zwei unterschiedliche Kindheitsgeschichten überliefert (Mt 2 und Lk 2). Diese beiden Geschichten sind nun weder einfach zu addieren, wie es die christliche Frömmigkeit bis heute gerne tut (z. B. Hirten (Lk 2) und Könige (Mt 2) gemeinsam an der Krippe), noch in der Weise Steiners als Geburtsgeschichten von zwei verschiedenen Kindern anzusehen. Die neutestamentliche Exegese ist seit langem einhellig der Meinung, daß hier Überlieferungen vorliegen, die das Einmalige, was die Menschen mit Jesus vor und vor allem nach Ostern erlebt haben, schon auf seine Geburt beziehen. Daraus und aus Weissagungen des Alten Testaments, deren Erfüllung in Geburt, Leben und Sterben Jesu gesehen wurde, haben sich die Geburtsgeschichten entwickelt – die im übrigen weder Paulus, noch Markus oder Johannes gekannt haben.

Doch die Geschehnisse um die Zeitenwende markieren schon die Schlußphase der besonderen Geschichte zur Vorbereitung der «menschlichen Hülle»[31] für die Christus-Wesenheit. Im salomonischen Jesus kommen jene Kräfte zur Entfaltung, die von Abraham ausgehen – daher beginnt der Stammbaum bei Matthäus mit Abraham. Der nathanische Jesus ist in seiner Vorgeschichte bereits dreimal von der Christus-Wesenheit durchgeistigt worden. Außerdem besitzt sein Leib eine «große belebende Kraft».

> «Sie kam aus der großen Mutterloge der Menschheit, die der große Sonnen-Eingeweihte, der Manu, lenkt. In das Kind, das dem Elternpaar geboren wurde, das im Lukas-Evangelium Joseph und Maria genannt wird, wurde hineingesenkt eine große individuelle Kraft, die gehegt und gepflegt worden war in der großen Muterloge, in dem großen Sonnenorakel» (Das Lukas-Evangelium, S. 88).

Jene Kräfte waren «Urkräfte der Adam-Individualität», zu diesem Zweck «aufbewahrt in der großen Mutterloge der Menschheit» (ebd., S. 89). Um dies deutlich zu machen, beginne der Stammbaum bei Lukas mit Adam.

Steiner berichtet, wie die beiden Familien mit ihren Jesusknaben in guter Nachbarschaft zusammenlebten,[32] wie der salomonische Jesus durch sein Zarathustra-Ich sehr schnelle geistige Fortschritte machte, während der nathanische Jesus hierin eher zurückblieb, dafür aber

46

seine Sensibilität und Liebesfähigkeit in erstaunlicher Weise ausbildete (vgl. Das Lukas-Evangelium, S. 108f).

Es geschieht nichts Besonderes bis zum 12. Lebensjahr des Lukas-Jesus. Da nehmen seine Eltern ihn mit nach Jerusalem zum Passa-Fest. Sie verlieren ihren Sohn, finden ihn später, wie er mit den Gelehrten diskutiert und wundern sich über ihn (vgl. Lk 2, 42ff.). Hier sei nun – so Steiner – etwas Besonders geschehen:

> «Was war da geschehen? Fragen wir darüber die unvergängliche Akasha-Chronik … Jene Ichheit, die bis dahin als Zarathustra-Ichheit den Körper des Jesus aus der königlichen Linie des davidischen Geschlechtes gebrauchte, um auf die Höhe seiner Zeit zu kommen, drang aus dem Körper des salomonischen Jesusknaben heraus und übertrug sich auf den nathanischen Jesus, der daher wie ein Verwandelter erschien» (Das Lukas-Evangelium, S. 110).

Steiner spricht hier von einer «Umlagerung des Ich», die auch sonst bekannt sei – «eine Erscheinung, die jeder Okkultist kennt» (ebd., leider ohne weitere Beispiele!).

Von diesem Zeitpunkt an lebte das Zarathustra-Ich im nathanischen Jesus. Der von seinem Ich verlassene salomonische Jesus stirbt.[33] Es stirbt in der einen Familie Maria, in der anderen ist Josef bereits vor diesen Ereignissen verstorben. Daraufhin «haben sich die beiden Familien in eine zusammengesetzt» (ebd., S. 111).

Geistig ist mit dieser Ich-Umlagerung der «Zusammenfluß des Buddhismus und des Zarathustrismus» (ebd.) geschehen, die beide im Christentum enthalten sein werden.[34]

Steiner berichtet dann aufgrund seiner «Forschungen» in der Akasha-Chronik von Reisen Jesu zwischen dem 12. und dem 30. Lebenjahr. In den ersten Jahren erfuhr Jesus die «innere Stimme», die ihm Möglichkeiten und Grenzen der jüdischen Religion aufzeigte (Das Fünfte Evangelium, S. 60).

Auf seinen berufsbedingten Auslandswanderungen als Zimmermann sei Jesus in den Mithraskult eingeführt und im Alter von 24 Jahren gar von einem heidnischen Volk zum Priester bestimmt worden. Während er eine Opferhandlung durchführen will, wird Jesus – so schaut es Steiner – in das Sonnendasein entrückt. Hier habe er das «makrokosmische Vaterunser» empfangen:

> «Amen
> Es walten die Übel
> Zeugen sich lösender Ichheit
> Von anderen erschuldete Selbstheitsschuld

Erlebet im täglichen Brote
In dem nicht waltet der Himmel Wille
Da der Mensch sich schied von Eurem Reich
Und vergaß Euren Namen
Ihr Väter in den Himmeln»
(Das Fünfte Evangelium, S. 64 u. ö.).

Später habe Jesus diesen Text umgekehrt und seinen Jüngern als jenes Gebet gegeben, das wir als Vater-unser aus der Bergpredigt kennen (ebd. 92 ff.).

Jesus kehrt anschließend nach Palästina zurück, er verbringt die weiteren Jahre bis zur Taufe durch Johannes bei den «Essäern» (gemeint sind die Essener). Nach «Geistgesprächen» mit Buddha und mit Maria läßt sich Jesus von Johannes im Jordan taufen.

Hier geschieht wieder so etwas wie eine «Umlagerung des Ich», das Zarathustra-Ich verläßt Jesus – und jetzt senkt sich die Christus-Wesenheit in ihn ein.

Diese Christus-Wesenheit hat bis dahin als Sonnengott, Sonnenwesenheit zum Wohl der Menschen gewirkt. Priester an Sonnenorakeln, Sonnentempeln waren Christus immer besonders nah. Doch dann – so Steiner:

«Im Laufe der Zeit, als die Zeit erfüllt war, da schickten die Götter, die man unter dem Namen der göttlichen Vaterwelt zusammenfaßt, den Christus herab» (Christologie, S. 83).

Er soll eine Erfahrung machen, die man in der Götterwelt nicht machen kann: er soll die Erfahrung des Todes machen.

Für die Zeit zwischen Taufe und dem «Mysterium von Golgatha» kann Steiner von Jesus, dem Christus, oder dem Christus Jesus sprechen. Die Christuswesenheit hat sich nur dieses eine Mal in ein menschliches Wesen «inkorporiert» – und wird auch in Zukunft nicht wieder in einem physischen Leib wohnen, denn sie unterliegt nicht dem Gesetz der Reinkarnation.[35]

Das Interesse Steiners gilt eindeutig dieser Christus-Wesenheit und nicht so sehr dem historischen Jesus von Nazareth. Die «Christus-Wesenheit» allein hat Bedeutung für die Gegenwart:

«Weil die Menschen also gleichsam ganz vertraut werden sollten mit dem Christus Jesus als einem ihrer Brüder, ... deshalb mußten eine Weile die Erkenntnis- und Liebeskräfte des menschlichen Gemütes gesammelt werden, um in rein menschlich-göttlicher Gedrungenheit, möchte ich sagen, anzuschauen dasjenige, was sich abspielte unter den Menschen als der Anfang einer neuen, der christlichen Zeit. Dazu aber mußte die Kraft im

Menschen gleichsam ganz hinkonzentriert und hingelenkt werden auf das Leben des Christus Jesus, und mußte abgelenkt werden eine Zeitlang von dem Hinaufblicken zu den geistigen Sphären auf dasjenige, was eingezogen ist in das Kind von Bethlehem, was heruntergestiegen ist aus den kosmischen Höhen. Heute aber leben wir in der Zeit, in welcher der Blick sich wieder weiten muß, wenn Menschenfortschritt und Menschheit wirklich die Erde beherrschen sollen. Weiten muß sich dasjenige, was der Christus in dem Leibe des Jesus von Nazareth war, zu dem, was er ist: zu dem Leben der Erde herabsteigend aus göttlich geistigen Höhen» (Weihnachtsfeier, S. 12).

Das Geschehen um Kreuz und Auferstehung bezeichnet Steiner mit dem Begriff «Mysterium von Golgatha». Jesus und Christus trennen sich wieder. Über den Zeitpunkt dieser Trennung gibt es zwei unterschiedliche Angaben bei Steiner: In den Vorträgen zum Markus-Evangelium sagt Steiner zu Mk 14, 51 f.:

«Wer ist der Jüngling? Wer entweicht da? Wer ist es, der da neben dem Christus Jesus erscheint, unbekleidet fast, und dann unbekleidet entschlüpft? Das ist der junge kosmische Impuls, das ist der Christus, der entschlüpft, der jetzt nur noch einen losen Zusammenhang mit dem Menschensohn hat» (Das Markus-Evangelium, S. 177).

Er sei es auch gewesen, der den Frauen am Ostermorgen im Grab entgegentritt und das Geschehn deutet.

In späteren Vorträgen sieht Steiner diese Trennung erst während des Sterbens Jesu am Kreuz:

«Vor dem Tode schaut man ein stundenlanges Sich-Ausbreiten einer Verfinsterung über die Erde... Dann kann man wahrnehmen, wie beim Sterben am Kreuze der Christus-Impuls, durch diese Finsternis hindurchgehend, sich mit der Erdenaura verbindet. ... Dann hat man jenen großen, gewaltigen Eindruck, wie diese Wesenheit, die im Leibe des Jesus gelebt hat, jetzt sich ausgießt über die geistig-seelische Erdenaura» (Das Fünfte Evangelium, S. 210).

Der Leib Jesu geht in die Erde ein. Das Mysterium des Ostermorgens erfährt eine höchst rationalistische Deutung:

«Man verfolgt das Bild des vom Kreuze herabgenommenen Jesus, der in das Grab gelegt wird, und man wird dann durchrüttelt, wenn man den Seelenblick darauf richtet, in der Seele von einem Erdbeben, das durch jene Gegend ging. ... Jenes Erdbeben durchrüttelte das Grab, in das der Leichnam des Jesus gelegt war – und weggerissen wurde der Stein, der darauf gelegt worden war, und ein Spalt wurde aufgerissen in der Erde, und der Leichnam wurde aufgenommen von dem Spalt. Durch weitere Aufrüttelung wurde über dem Leichnam der Spalt wieder geschlossen. Und als die Leute am Morgen kamen, war das Grab leer, denn die Erde hatte aufgenommen den Leichnam des Jesus» (ebd., S. 30).

Nun beginnt ein neuer Abschnitt im Wirken des Christus: Der vormalige Sonnengott geht in die Erdenaura ein, wird zum Erdengott. Endgültig geschieht das – so Steiner – bei der Himmelfahrt, die eigentlich eine Erdenfahrt gewesen sei (ebd., S. 212). Mit diesem Ereignis endet eine Phase esoterischer Schulung für die Jünger (zwischen Ostern und Himmelfahrt). Und am Pfingstfest fühlten sich die Apostel «verwandelt und mit einem neuen Bewußtsein erfüllt: das war das Herabkommen des Geistes, das innere Aufleuchten einer geisterfüllten Erkenntnis» (ebd., S. 213). Von da an wirkt er als «Christus-Impuls» zum Wohl der Menschheit, «durchdringend, durchwellend, durchpulsend, durchwebend das Erdenleben» (Weihnachtsfeier, S. 11).

Was bewirkt das Kommen des Christus?

Steiner gibt verschiedene Interpretationen für die Bedeutung des Kommens des Christus:
1. Das Mysterium von Golgatha markiert den Wendepunkt der Menschheitsgeschichte. Mit dem Geschehen von Golgatha wird der Mensch befähigt sich zum Geistigen emporzuentwickeln, sein Karma zu bearbeiten. Der Christus-Impuls stärkt seine Ich-Kräfte. Diese Gegenbewegung kann als «Erlösung» bezeichnet werden. So schreibt es Hans-Erhard Lauer:

> «Handelt es sich nun aber beim Sündenfall nicht um ein einmaliges Ereignis, sondern um einen vieltausendjährigen Prozeß der stufenweisen Verbindung der Seele mit dem Leibe, so kann verständlich werden, daß die Erlösung ebensowenig einen einmaligen Akt darstellt, sondern ebenfalls ein jahrtausendelanges Geschehen, das Gegengeschehen einer stufenweisen Wiederloslösung der Seele vom sterblichen Leibe bedeutet» (Anthroposophie und die Zukunft des Christentums, S. 47 f.).

In der Anthroposophie bedeutet Erlösung also nicht – wie in Bibel und kirchlicher Tradition – die Vergebung der persönlich zu verantwortenden Schuld. Die geht ins Karma ein. Und das «eherne Gesetz des Karma» kann auch Christus nicht aufheben. Zwar wird Christus von Steiner «Herr des Karma» genannt, doch heißt das nichts anderes, als daß er den Menschen die Kraft gibt, ihr Karma zu lieben und anzunehmen (vgl. Christologie, S. 87 f.). Erlösung bedeutet in der

Anthroposophie jene Entwicklungsphase der Hinwendung zur geistigen Welt, zu der Christus als «Christus-Impuls» unterstützende Hilfe leistet.

Vom vergebenden Handeln Christi kann nur gesprochen werden in einem Zusammenhang, der Nicht-Anthroposophen fremd ist: Steiner behauptet, jeder Gedanke, jede Tat gehe nicht nur ins Karma des Einzelnen ein, sondern auch ins «Weltenkarma». Diese «objektive Seite» der Schuld könne der Mensch nicht selbst bearbeiten, sie werde getilgt von Christus. Er nimmt damit also auf sich, was Menschen nicht bereinigen können.

2. Für den Menschen ist nach Steiners Anschauung das Höchste und Erstrebenswerteste, was er in seinem Erdenleben erreichen kann, die *Initiation*, die Einweihung in das Geschen der geistigen Welt. Das Mysterium von Golgatha und der folgende Christus-Impuls ermöglichen ihm, den Weg hin zur Initiation zu gehen. In diesem Zusammenhang versteht Steiner das Mysterium von Golgatha nicht so sehr als Ereignis der Persönlichkeit Jesu von Nazareth, sondern als einen Kampf der geistigen Wesenheiten um den Weg des Menschen, als einen Götterakt zwischen der Christuswesenheit und Luzifer:

> «Das Christentum sieht nicht auf den Christus als auf eine Persönlichkeit, als auf den Stifter eines abstrakten Religionssystems. In unserer heutigen Zeit stiftet ein Religionsstifter nach den Anforderungen unserer Zeit nur Unfrieden. Nicht von einer Persönlichkeit geht die christliche Initiation aus, sondern von einer Tatsache, einem unpersönlichen Götterakt, der sich vor den Augen der Menschen abgespielt hat» (Christologie, S. 88).

Steiner ist davon überzeugt, mit dieser Absehung von der historischen Person die verschiedenen Religionen miteinander versöhnen zu können – und zugleich die Überlegenheit der Anthroposophie über alle Religionen darlegen zu können.

Dieser Anspruch wird noch klarer, wenn wir nach dem Verhältnis von Bibel (als der Grundlage der kirchlichen Christen) und Akasha-Chronik (als der Quelle anthroposophischen Erkennens) fragen.

3.9. Bibel und Akasha-Chronik

Während für Christen aller Konfessionen die Schriften der Bibel die gemeinsame und grundlegende Quelle für den Glauben darstellen, kennt die Anthroposophie mehr: die immer wieder angesprochene Akasha-Chronik. In ihr liest bzw. «forscht» der Eingeweihte, der

«Geistesforscher», sie ist Quelle für sein Erkennen. Die Besonderheiten dieser Quelle wurden bereits ausführlich dargestellt. Aus dieser Chronik stammt nicht nur Steiners Lehre von der Entwicklung des Kosmos, von der Entwicklung des Menschen, von seinen Wesensgliedern, sondern im Grunde auch alles, was er über Gott und Jesus, über Christus und das Ziel der Menschen zu sagen weiß. Er sagt:

> «Daß die Anthroposophie oder Geisteswissenschaft nicht auf etwas anderem als auf denQuellen der Eingeweihten fußt, daß also weder das Johannes-Evangelium noch die anderen Evangelien Quellen ihrer Erkenntnis sind, muß immer strenge betont werden. Was heute erforscht werden kann ohne eine historische Urkunde, das ist die Quelle für das anthroposophische Erkennen» (Das Lukas Evangelium, S. 20).

Was Steiner in dieser Quelle über Jesus und Christus erkennt, hat er u. a. niedergelegt in seinen Vorträgen mit dem Titel: «Aus der Akasha-Forschung: Das Fünfte Evangelium». Dieses eigene Evangelium, dessen Quellen jedem verschlossen sind, der nicht Theo- oder Anthroposoph ist, stellt Steiner neben, ja über die vier neutestamentlichen Evangelien:

> «Dieses Fünfte Evangelium ist ja, wie Sie hören werden, in einer Niederschrift heute noch nicht vorhanden. Aber es wird gewiß in Zukunftstagen der Menschheit auch in ganz bestimmter Niederschrift vorhanden sein. In einem gewissen Sinne aber könnte man sagen, es ist dieses Fünfte Evangelium so alt wie die vier anderen Evangelien» (Das Fünfte Evangelium, S. 9).

Einstweilen – bis zu dieser «Niederschrift» – übernimmt es Steiner mit seiner «Erforschung» der «geistigen Quelle»,

> «jene Lücke durch das Fünfte Evangelium aufzufüllen, welche in den vier anderen Evangelien geblieben ist. Ja, es ist unserer Zeit beschieden worden, noch genauer, man möchte sagen, jeden Schritt dieses Gotteslebens auf Erden kennenzulernen» (Weihnachtsfeier, S. 12).

Steiner behauptet, mit dieser «Forschung» in der «Akasha-Chronik» den wahren Zugang zu den biblischen Schriften gefunden zu haben. An die Stelle der Suche nach dem Wortsinn und der dafür entwickelten methodischen Instrumentarien der Theologen setzt er eine «esoterische» Auslegung, denn für ihn sind die biblischen Schriften selbst esoterische Schriften, von Eingeweihten für Eingeweihte verfaßt. Er meint dabei zu erkennen, daß auch «diejenigen, die die Evangelien geschrieben haben, aus derselben Quelle schöpfen» wie er (Christologie, S. 56). Mit anderen Worten: «Die Evangelienschreiber haben es auch nur aus der Akasha-Chronik heraus geschrieben» (ebd., S. 81).

Diese Behauptung hat für Steiner und die Anthroposophen bis heute drei Konsequenzen:

1. Steiner legitimiert damit seinen Anspruch, Christus nicht aus den Evangelien, sondern aufgrund seiner eigenen geistigen Schau zu kennen.

2. Nur anthroposophische Auslegung ist angemessen, denn nur sie kennt die Bedingungen der (esoterischen!) Entstehung der Texte und weiß, was mit den «äußeren» Worten gemeint ist:

> «So ist auch der nicht maßgebend, der mit philologischem Sinn an die Bibel herantritt, sondern nur der, der aus sich allein die Weisheit zu schöpfen vermag» (Bibel und Weisheit, S. 20).

Und Steiners Anhänger Walter Johannes Stein formuliert:

> «Um die Evangelien zu verstehen, muß man zwar kein Hellseher sein, wohl aber bei ihm oder bei einem, der des Hellsehers Forschungsresultate kennt, in die Schule gehen. Das hat die moderne Wissenschaft bis jetzt versäumt. Daher ist alles, was vorgebracht wird, historisch-philologisch sehr gelehrt, aber sachlich gänzlich dilettantisch» (Der Christus-Jesus in der Lehre Rudolf Steiners, S. 26).

3. Das Selbstbewußtsein, unabhängig von den biblischen Schriften aus den gleichen Quellen wie ihre Autoren schöpfen zu können, führt zu dem Anspruch, aufgrund der eigenen Geistesschau die biblischen Texte «wiederherstellen» zu wollen:

> «Das, was die überlieferten Evangelienbücher geben, wird zunächst als etwas durchaus Unzuverlässiges hingestellt. Dagegen wird zurückgegriffen durch das Lesen der Akasha-Chronik auf die geistige Schrift, wie sie dargestellt ist von denen, die selber geistig lesen konnten. Und wenn dann auf irgendeine Stelle hingedeutet ist, dann erst wird in der betreffenden Erklärung der Satz der Überlieferung betrachtet, wie er in den Büchern steht; und jetzt wird untersucht, ob und inwiefern er übereinstimmt mit der Gestalt, die aus der Akasha-Chronik wiederhergestellt werden kann. So muß das Matthäus-Evangelium, das Markus-, das Lukas-Evangelium wiederhergestellt werden aus der Akasha-Chronik. Und erst das Abmessen der Überlieferung an den ursprünglichen Gestalten zeigt uns, daß dieses oder jenes so oder so gelesen werden muß; und es muß jede Überlieferung, die sich nur auf den Buchstaben stützen kann, fehlgehen und in Irrtum verfallen. Die Evangelien müssen in Zukunft nicht nur erklärt werden, sondern erst wieder in ihrer wahren, ursprünglichen Gestalt hergestellt werden» (Von Jesus zu Christus, 4. Vortrag, S. 108).

Steiner nimmt sich also das Recht, nicht nur ein eigenes «Fünftes

Evangelium» zu «schauen», sondern auch die vorliegenden biblischen Texte zu verändern. Er tut das mit dem Selbstbewußtsein eines Menschen, der an der Schwelle eines neuen Zeitalters steht:

> «Wer da weiß, wie viele Dinge in der Welt ungenau hingeschrieben werden, wird dann gar nicht mehr verwundert sein, daß wir es hier mit einer ungenauen Wiedergabe zu tun haben. Wie sollten wir also kein Recht haben, da, wo eine neue Epoche der Menschheit beginnt, die Evangelien wieder zurückzuführen auf die aus der Akasha-Chronik nachweisbare ursprüngliche Gestalt?» (ebd., S. 110).

Steiner zitiert ein Beispiel für solche «Korrektur». Pilatus fragt Jesus: «So bist du dennoch ein König? Jesus antwortet: Du sagst es, ich bin ein König!» (Joh 18, 37). Steiner erklärt diese Antwort des Pilatus für sinnlos und behauptet:

> «in der Akasha-Chronik steht nicht: ‹Du sagst es›, sondern dort heißt es: ‹Dies dürftest nur du als Antwort geben!›, das heißt, wenn wir es richtig verstehen: Auf deine Frage müßte ich eine Antwort geben, die niemals der Mensch in bezug auf sich geben darf, sondern die nur der, welcher ihm gegenübersteht, als Antwort geben kann... Du mußt es sagen, dann hätte es einzig und allein eine Bedeutung» (ebd., S. 109).

Eine kirchlich-theologische Bibelauslegung kann hier nicht konkurrieren. Sie kann einer Steinerschen Schau in der von ihm behaupteten Akasha-Chronik nicht folgen und stützt sich auf Grundlagen, die in einem komplizierten Überlieferungsprozeß auf uns gekommen sind: die Schriften des Alten und Neuen Testaments als die unüberholbaren Zeugnisse von dem einen Wort Gottes, von Jesus Christus. Ein Dialog mit anthroposophischer Auslegung muß dort enden, wo eigene, historisch nicht belegbare Quellen behauptet werden.

Hier stellt sich im übrigen grundsätzlich die Frage, ob die göttlichen Offenbarungen mit der Bibel an ihr Ende gekommen sind, ob die Texte der Bibel für christlichen Glauben und christliches theologisches Denken normativ sind. Steiner meint, wer so denke, sei ein Kleingläubiger:

> «Das sind die Kleingläubigen, die ängstlich werden, wenn gesagt wird: Seht, das Christentum enthält noch größere Herrlichkeiten, als bisher mitgeteilt worden sind! Und diejenigen, die groß denken vom Christentum sind die, die wissen, daß die Worte wahr sind, daß der Christus bei uns ist alle Tage, das heißt, daß er uns immer Neues offenbart und daß es recht ist, wenn bis zum Christusquell zurückgegangen wird. Dadurch lebt das Christentum als etwas Größeres, daß man ihm zumutet, daß es immer

neuere und lebendigere Schöpfungen aus seinem Schoß hervorbringt. Diejenigen, die immer sagen: Ja, das steht nicht in der Bibel, das ist nicht wahres Christentum und Ketzer seien diejenigen, die von etwas anderem behaupten, es sei Christentum, diese sind zu verweisen darauf, daß Christus auch gesagt hat: ‹Ich habe euch noch vieles zu sagen, aber ihr könnt es jetzt noch nicht tragen›» (Erbsünde und Gnade, S. 23).

Steiners Schüler Hans Erhard Lauer findet es dann ganz folgerichtig, wenn die neue Offenbarung auch der alten widerspreche, denn sonst sei sie ja überflüssig.[36] Auch kann, so sagt er, die Bibel «heute kein Maßstab mehr sein für ein Urteil darüber, welche Auffassung vom Christentum die richtige ist» (ebd. S. 37).

Aber was wird dann zum Maßstab? Steiners unkontrollierbare Schauungen? Steiner selbst sagt dazu im Blick auf die genannte Szene des Verhörs Jesu:

> «Nun können Sie sagen: Das kann wahr sein oder nicht wahr sein. – Gewiß, wenn man abstrakt urteilen will, hätte man recht. Wenn man sich aber die ganze Szene ansieht und sich fragt: Kann ich das, was da steht, besser verstehen, wenn ich die Wiedergabe aus der Akasha-Chronik nehme?, so wird jeder einsehen, daß er diese Szene überhaupt nur so verstehen kann» (Von Jesus zu Christus, S. 109 f.)[37].

Ein subjektiver Grund, die bessere Verstehbarkeit, wird hier als einziges Kriterium genannt.

Steiners Auslegung und sein Anspruch, ein eigenes, Fünftes Evangelium aus den gleichen Quellen wie die alten Evangelisten schöpfen zu können, macht im Grunde die alten Schriften überflüssig. Und in der Tat lassen sich Äußerungen finden, die in diese Richtung gehen: So kennt Steiner drei Wege zu Christus: den Weg der Evangelien (und wir dürfen wohl sagen: den Weg des Glaubens), den Weg der inneren Erfahrung und den Weg der Einweihung, der Initiation. Den ersten Weg wertet er ab: Für ihn ist deutlich, daß er «heute kein Weg mehr ist, es aber war». Dagegen sei der Weg der Initiation (also der eigenen Schau in der Akasha-Chronik) der Weg der kommenden, nun beginnenden Epoche (Christologie, S. 52 f).

In einem anderen Vortrag redet Steiner davon, daß er eine Zeit vor sich sieht, in der die Bibel als von außen kommende Offenbarung abgelöst wird durch eigenes Schauen. Er berichtet, wie beim Anbruch der Neuzeit das alte Buch, die Philosophie des Aristoteles, abgelöst worden sei durch eigene Naturforschung. Und in einem analogen Schluß fährt er fort:

> «Auf der einen Seite haben wir die alte Bibel, welche uns auf ihre Art die

Geheimnisse der übersinnlichen Welt und deren Zusammenhang mit der Sinneswelt darstellt, und auf der anderen Seite haben wir durch die Geisteswissenschaft das, was der Forscher unmittelbar erfährt über diese übersinnliche Welt. Ist das nicht ein ganz ähnlicher Gesichtspunkt, wie er bei der Morgenröte der modernen Naturwissenschaft uns entgegentritt?» (Bibel und Weisheit, S. 11).

Die Ablösung der Bibel als der Grundlage unseres Glaubens an Gott, den Vater, den Sohn und den Heiligen Geist trifft die Kirche im Kern. Es ist daher nur konsequent, wenn die Anthroposophie die Zeit der Kirche für vergangen hält und eine neue Stufe der Kulturentwicklung proklamiert, in der sie selbst die Stelle der Kirche – ja, überhaupt der Weltreligionen – einnimmt. Während die Wahrheit der Weltreligionen immer nur partiell erfahrbar gewesen sei: in einer Weltreligion zu einer bestimmten Zeit, geprägt durch einen Offenbarungsträger, wird Anthroposophie für die Zukunft die universale, weltweite und die Zeiten übergreifende Hinführung zum Ziel aller Religionen sein:

«So wird die Anthroposophie die große, verständnisvolle Vereinigung, die Synthese der religiösen Bekenntnisse auf der Erde bringen» (Christologie, S. 92).

Das heißt nichts anderes, als daß die Anthroposophie hier ein geistiges Gesetz formuliert, wonach sie in der nun beginnenden neuen Kulturstufe das kirchliche, biblisch begründete Christentum ablösen wird:

«Indem wir Anthroposophie auf das Christentum anwenden, folgen wir der welthistorischen Notwendigkeit, die dritte christliche Zeitepoche vorzubereiten... – Das erste Kapitel ist die Zeit der Vorverkündigung des Christentums. Das zweite Kapitel ist das tiefste Heruntertauchen des menschlichen Geistes in die Materie und die Vermaterialisierung selbst des Christentums. Und das dritte Kapitel soll sein die geistige Erfassung des Christentums durch anthroposophische Vertiefung» (Das Johannes-Evangelium, S. 178 f.). «So nimmt sich die anthroposophische Weltanschauung aus wie eine Testamentsvollstreckung des Christentums» (ebd. S. 213).[38]

Die ganze Zeit der Kirchengeschichte wird als eine Zeit des Verfalls und der Finsternis abqualifiziert (von einigen Ausnahmen abgesehen). Die führenden Vertreter der Kirche hätten das Christentum ausgebreitet, ohne es zu verstehen.[39] Was eigentlich verstanden werden sollte, wurde zu einem Glaubensdogma erklärt, was im eigenen Innern hätte gefunden werden können, wurde zu einer Offenbarung von außen umgedeutet. Erst jetzt – infolge der Entwicklung des Bewußtseins und infolge der Eröffnung der Erforschung der Akasha-Chronik durch Steiner ist die Menschheit reif für das höhere Verstehen des Christus.

So ist klar: Die wahre Wende der Menschheit beginnt nicht mit Jesus Christus, sondern mit dem Verständnis des Christus-Geschehens durch Steiner und die Anthroposophie. Es ist wohl einleuchtend, daß ein Dialog kaum möglich ist, solange die Anthroposophen von solchen Anschauungen nicht abrücken und weiterhin die Kirchen eigentlich für überholt und erledigt halten.

Exkurs: Die Zweideutigkeit der Akasha-Chronik

Rudolf Steiner behauptet, aufgrund seiner Schau in der Akasha-Chronik die Ereignisse der Vergangenheit allgemein, wie auch das Geschehen um Jesus Christus im Besonderen, besser und richtiger darstellen zu können als ein Theologe oder ein Historiker, der sich auf «äußere Quellen» – also auf historische Texte, achäologische Erkunden usw. – bezieht.[40] Steiner behauptet auch, daß es «im Wesentlichen» eine Übereinstimmung gibt in allen Geheimschulen, da sie letztlich alle aus der gleichen geistigen Quelle schöpfen (Aus der Akasha-Chronik, S. 18).

Nun – im Raum der Anthroposophie gibt es zwar keine anderen «Geistesforscher», die in der Akasha-Chronik **anderes** gelesen haben als Rudolf Steiner. Doch erinnern wir uns: Der Begriff der «Akasha-Chronik» ist von Helena P. Blavatsky, der Begründerin der Theosophischen Gesellschaft, erstmals verwendet worden. Und so überrascht es nicht, daß es im theosophischen Bereich «Forschungen» in dieser geistigen Quelle gibt, die Steiner massiv widersprechen – und dies gerade im Blick auf das Leben Jesu. So veröffentlichte der Theosoph Levi Dowland 1908 – also etwa zeitgleich mit Steiner – ebenfalls ein Evangelium aus der Akasha-Chronik: «Das Wassermann Evangelium von Jesus dem Christus. Die philosophische und praktische Grundlage der Religion des Wassermann-Zeitalters und der universalen Kirche, aus der Akasha-Chronik, dem Buch göttlicher Erinnerungen, entnommen und aufgeschrieben von Levi» – so der vollständige deutsche Titel.[41]

Dieses zweite Akasha-Evangelium sieht die Geschichte Jesu aber ganz anders als Steiner – wenn auch nicht weniger phantastisch.

So hört der indische Prinz Ravanna den zwölfjährigen Jesus im Tempel diskutieren (auch hier wird also diese Episode zu einem Schlüsselereignis!), er nimmt Jesus mit nach Indien und führt Jesus ins Brahmanentum ein. Jesus kritisiert diese Richtung und wird aus dem

Tempel vertrieben. Jesus flieht zu den Buddhisten, wandert weiter nach Tibet, nach Persien (Kontakt mit dem Zarathustrismus) und nach Ur. Schließlich kommt er nach Athen und Delphi, geht nach Ägypten, besteht im Sonnentempel von Heliopolis die sieben Prüfungen und erhält dort die höchste Weihe: die Christusweihe. Danach kehrt Jesus in die Heimat zurück.

Das Wassermann-Evangelium schildert dann aus theosophischer Sicht die verschiedenen Begegnungen, Reden, Taten Jesu, bis hin zu Kreuz und Auferstehung. Die Öffnung des Grabes geschieht durch die «stille Bruderschaft», eine «Truppe weißgekleideter Soldaten» (XX, 7), gegen die die römischen Soldaten nichts ausrichten können. Nach dreifachem Anruf: «Adon maschiach cumi» (Messias, erhebe dich) öffnet Jesus die Augen, «setzt sich auf und grüßt die Sonne, ‹Heil dir Sonne›, ruft er, ‹heil dir Morgenröte der Gerechtigkeit›» (XX, 35). Nachdem Jesus die Tücher zusammengefaltet hat, «transmutiert» sein Körper von sterblicher zu unsterblicher Substanz (XX, 39). Es ertönt eine Stimme: «Friede allen Menschen, welche guten Willens sind» (XX, 41). Die Soldaten schauen hin und stellen fest: das Grab ist leer, «der Herr ist auferstanden, wie er sagte» (XX, 42).

Hier führen uns Steiner und Levi in eine Sackgasse. **Welches Evangelium aus der Akasha-Chronik ist nun verläßlich?** Wo gibt es ein Kriterium für ihre Echtheit bzw. ihre Glaubwürdigkeit? Überprüfbar sind beide nicht. So endet die Aufhebung der Bindung an die Texte der Bibel, an die vorfindlichen Quellen und Zeugnisse, in Ratlosigkeit. Der Anthroposoph glaubt Steiner, der Theosoph Levi. Der Christ ist gut beraten, bei den alten, den biblischen Evangelien zu bleiben – und bei jenem Wort Gottes, das sie verkündigen: Jesus Christus.

4. Zur Praxis der Anthroposophie

Von der Anthroposophie ist ein kräftiger Kulturimpuls auf die Gesellschaft ausgegangen, er wirkt in anerkannten Institutionen auf verschiedenen Arbeitsfeldern. In Pädagogik und Heilpädagogik, in Medizin und Pharmazie, in Landbau und Nahrungsmittelproduktion, in Architektur und Kunst kennt und schätzt man die anthroposophischen Einrichtungen als Alternative zu den üblichen Lebensformen.

Die einzelnen Einrichtungen und ihre Wirkweisen können hier nur angedeutet werden. Für die Fragestellung der vorliegenden Arbeit ist vor allem wichtig festzustellen, mit wieviel Kreativität und Mut bis heute immer neue Arbeitsfelder erschlossen, neue Schulen, Kindergärten und Krankenhäuser gebaut werden. Sie werden allerdings alle von der zugrundeliegenden Anschauung des Menschen und des Kosmos durchdrungen und spürbar gestaltet. Die Gestaltungskraft nötigt auch Andersdenkenden Respekt ab.

4.1. Zur Pädagogik und Heilpädagogik

Zu großer Zahl und damit zu großer Bedeutung stiegen in den letzten 20 Jahren vor allem die «Freien Waldorfschulen» auf.

Nach den Wirren des Ersten Weltkriegs und der sich anschließenden Revolution wurde Rudolf Steiner von dem Generaldirektor der Waldorf-Astoria-Zigarettenfabrik in Stuttgart, Emil Molt, gebeten, auf der Grundlage der anthroposophischen Menschenkunde eine Schule für die Kinder der Arbeiter dieser Fabrik zu gründen. Aus dieser Anfrage entstand 1919 die erste Waldorfschule auf der Uhlandshöhe in Stuttgart. Steiner selbst hat diese Schule bis zu seinem Tod 1925 betreut. Er hat die bis heute gültigen Hinweise für den Lehrplan gegeben, er hat Kurse für die Lehrer gehalten und hat, wann immer er konnte, die Konferenzen selbst geleitet[42].

Die Waldorfschulen sind Aushängeschild der Anthroposophie. Derzeit gibt es in Deutschland ca. 125 Waldorfschulen. Ihnen vorgeschaltet sind Waldorfkindergärten, die den gleichen pädagogischen Prinzipien verpflichtet sind. Das anthroposophische Ausbildungswesen wird vervollständigt durch eine Reihe eigener berufsqualifizierender

Schulen und Lehrerseminare bis hin zur eigenen Universität: der bisher einzigen deutschen Privatuniversität in Witten-Herdecke[43].

Die Waldorfschulen sind gekennzeichnet durch markante Unterschiede zu staatlichen (und kirchlichen) Schulen:

- Der Klassenlehrer führt seine Klasse vom 1. bis zum 8. Jahr und unterrichtet in dieser langen Zeit alle wichtigen Fächer.
- Die ersten Stunden eines jeden Tages sind dem Epochenunterricht vorbehalten: 4 bis 6 Wochen wird jeden Tag 2 Stunden lang das gleiche Fach unterrichtet. Anschließend folgt der sog. «Fachunterricht» im 45-Minuten-Takt wie an anderen Schulen auch.
- Die Waldorfschulen legen besonderen Wert auf musisch-kreative Ausbildung: jeder Schüler erlernt mindestens ein Musikinstrument. Theaterspielen, Chorsingen, Musizieren im Orchester erhalten viel Raum. Eine eigene anthroposophische künstlerische Ausdrucksform ist Lehrfach: die «Eurythmie», die in besonderer Ausformung auch zur Therapie verwendet wird (Heileurythmie).
- Waldorfschulen legen Wert auf soziales Lernen. Es gibt keine Zensuren und kein Sitzenbleiben. So entfällt ein Leistungsdruck, der zum Konkurrenzverhalten der Schüler führen kann. Gegenseitige Hilfe der Schüler wird gefördert.
- Ein «sanfter» Umgang mit der Natur, sorgsame Beachtung ökologischer Grundsätze werden vermittelt.
- Durch die Organisation der Schulen (als Verein oder Genossenschaft), durch viele Elternabende und kulturelle Ereignisse werden die Eltern stark in das Schulgeschehen einbezogen.

Grundlage der Waldorfpädagogik ist die Menschenkunde Steiners, wie er sie in der Akasha-Chronik schaut und wie sie oben skizziert worden ist. Die vier Wesensglieder – so Steiner – entwickeln sich im Sieben-Jahres-Rhythmus in jedem einzelnen Menschen in der gleichen Folge, wie sie der Menschheit insgesamt zugekommen sind. Die Waldorferziehung vom Kindergarten an stellt sich darauf ein und versucht, durch ihre Methode und durch ihre Inhalte, durch den Lernstoff und durch die angeleitete künstlerische Betätigung die jeweilige Inkarnation eines Wesensgliedes zu fördern. Sie ist also «Inkarnationshilfe»[44].

Der Abschluß der Waldorfschule wird nach zwölf Schuljahren mit einer Projektarbeit erreicht, die praktisch, künstlerisch oder wissenschaftlich ausgerichtet sein kann[45]. Mit diesem Abschluß erlangt der Schüler den Hauptschulabschluß. Geeignete Schüler können in der 12. Klasse einen Sonderkurs belegen und den Realschulabschluß machen. In einem Sonderjahr, in dem alles gelernt werden muß, was im

Waldorf-Lehrplan nicht, im Lernzielkatalog der Kultusministerien aber wohl vorkommt, können die Fachhochschulreife oder auch das Abitur erreicht werden.

An den Waldorfschulen werden vier Formen des Religionsunterrichtes angeboten: drei «konfessionelle» und eine sogenannte «freie christliche». Der konfessionelle Religionsunterricht wird gehalten von Lehrern, die von der evangelischen Kirche, der katholischen Kirche und der Christengemeinschaft entsandt werden. Der «freie christliche Religionsunterricht» wird «frei» genannt, weil er eben nicht konfessionell gebunden sei. Er wird gehalten in Verantwortung und Beauftragung der Anthroposophischen Gesellschaft.

Steiner hat den konfessionellen Unterricht nicht geschätzt. Er war für ihn nur ein «Substrat von sentimentalen Redensarten und Phrasen», hineingepfercht in den übrigen Unterricht[46]. Er hat ihn verstanden als einen Übergang und ein notwendiges Übel, weil die Konfessionen nicht bereit gewesen seien, die Anthroposophie zu akzeptieren[47].

Die Lehrer des konfessionellen Religionsunterrichts sind an den meisten Schulen Außenseiter ohne Mitspracherecht in der Lehrerkonferenz. Dagegen hat der «freie christliche Religionsunterricht» einen Kultus in der Schule ausgebildet: die *Sonntagshandlung,* zelebriert von den Religionslehrern für ihre Schüler, aber auch deren Geschwister, Freunde usw. Die erste Teilnahme an der Sonntagshandlung für ältere Schüler (genannt Jugendfeier) wird feierlich ausgestaltet, ähnlich einer Konfirmation oder Erstkommunion. Hiermit wird die Anthroposophische Gesellschaft selbst zur Konfession, zur Kultgemeinde!

Problematisch und Hauptansatzpunkt der Kritik an der Waldorfpädagogik ist die Ausrichtung auf das anthroposophische Menschenbild. Steiner hat zwar von Anfang an betont, er wolle keine Weltanschauungsschule gründen[48], doch sind sich pädagogische, psychologische und theologische Kritiker wie Klaus Prange, Heiner Ullrich, Fritz Beckmannshagen, Wolfgang Schneider und Franco Rest u. a. darin einig, daß die Anthroposophie eine dominierende Rolle an diesen Schulen spielt, die vielfältig in den Schulalltag hineinwirkt[49]. Ullrich bezeichnet die Waldorfschule gar als «Ordensschule», als «Schule aus **einem** Geist» mit «einheitlicher Prägekraft» und einer aus der «weltanschaulichen Gemeinschaftlichkeit» «entspringende(n) gläubige(n) Begeisterung und Hingabe» (S. 226).

Von seiten der Waldorfpädagogen wird dagegen immer wieder angeführt, man habe nichts Inhaltliches von der Anthroposophie übernommen, sondern lediglich die Methode, Welt und Menschen zu sehen und

61

Lernstoffe dem Schüler nahezubringen. Wolfgang Schneider kritisiert mit Recht diesen Begriff der «Methodenschule»:

> «Diese Differenz allerdings zwischen einer Weltanschauungsschule und einer Methodenschule aufgrund einer Weltanschauung vernebelt das Problem, weil jede Methode, will sie nicht beliebig und willkürlich sein, erstens gewonnen und abgeleitet sein muß aus einem übergreifenden systematischen Zusammenhang, der hier durch die Anthroposophie gebildet wird»[50].

Schneider weist der Waldorfpädagogik methodologische Naivität nach, wenn sie ihre Methoden von ihrem Begründungszusammenhang lösen und sie hinsichtlich ihrer Zielvorstellung für neutral erklären will (ebd. S. 265). Und er folgert:

> «Unterrichtsgegenstände werden, *weil* sie aufgrund einer bestimmten Methode erkannt worden sind, im Horizont anthroposophischer Erkenntnistheorie stehen müssen, gerade wenn Waldorfschulen Methodenschulen sein wollen... Gerade wenn Waldorfschulen Methodenschulen sein sollen, müssen sie Weltanschauungsschulen sein... Methodenschulen sind Weltanschauungsschulen» (ebd., S. 265).

In Kenntnis dieser bleibenden Problematik gilt jedoch: Gegenüber allen Experimenten, die im Laufe der letzten Jahrzehnte mit dem öffentlichen Schulsystem angestellt worden sind, ist die Waldorfschule eine verläßliche Größe geblieben. Eltern, die – aus welchem Grunde auch immer – eine alternative Schule für ihre Kinder suchen, sind oft auf die Waldorfschulen angewiesen – u.a. weil die Kirchen ihre Schulen zum größten Teil geschlossen haben. Da wird dann die Anthroposophie in Kauf genommen.

Es stellt sich die Frage, ob die Kirchen den pädagogischen Sektor zu schnell, zu bereitwillig geräumt und dem Staat überlassen haben. Gewiß, Luther hat die Pädagogik ein «weltlich Geschäft» genannt und die Aufgabe, Schulen zu betreiben, staatlichen Instanzen übertragen. Aber zu seiner Zeit war eine Säkularisierung, wie sie seither um sich gegriffen hat, noch nicht absehbar. Vielleicht sollten die Kirchen hier noch einmal nachdenken, ob Korrekturen möglich, ja erforderlich sind.

Eine weiterführende Kritik der Waldorfpädagogik von einem christlichen Menschenbild her hat Franco Rest formuliert. Danach gilt für Christen als unverzichtbar im Blick auf die Erziehung von Kindern:

– «Der Mensch, also auch das Kind, ist von Anbeginn ein Ich-Wesen, und wir haben ihm lediglich Angebote zu machen zu seiner Entfaltung, ihn aufmerksam zu machen auf sich selbst und auf die Welt und Gott, in der er/sie eingebettet ist» (Waldorfpädagogik, S. 119).

– «Der Mensch, und also auch das Kind, ist ein Gedanke Gottes, als dessen Repräsentant in die Welt getreten und also auch sein personales Gegenüber» (S. 121).
– «Der Mensch, und also auch das Kind, ist erlösungsbedürftig und voller Sehnsucht nach der Heimat» (S. 122).
– «Der Mensch, und also auch das Kind, ist ein dialogisches, zur Zwiesprache und zum Zwiegesang befähigtes Wesen» (S. 123).

Mit einer solchen Grundhaltung wird der anthroposophischen Stufenpsychologie und ihrem zugrunde liegenden Menschenbild, die dem Kind noch nicht Individualität und Ich zuspricht, eine Absage erteilt. Allerdings sind die Kirchen herausgefordert, ihr Bild vom Menschen als geliebtem Gegenüber Gottes in praktische Tat umzusetzen.

4.2. Zur Medizin und Pharmakologie

Wie die Pädagogik beruht auch die anthroposophische Medizin auf dem Menschenbild Rudolf Steiners. Steiner hat ihre Grundzüge gemeinsam mit der holländischen Ärztin Ita Wegmann entwickelt und sie als eine zusätzliche Medizin zur Schulmedizin verstanden.[52]

Der anthroposophischen Medizin nach wird der Mensch nicht primär als Zusammenfügung von verschiedenen Wesensgliedern verstanden, sondern als harmonisches Miteinander dreier Systeme, die den menschlichen Körper formen und in den jeweils die Wesensglieder miteinander wirken, wenn auch in unterschiedlicher Intensität:

– das Nerven-Sinnes-System, das sein Zentrum im Kopf hat und dem die seelische Kraft des Denkens zugeordnet ist;
– das rhythmische oder mittlere System, das ein Zentrum in der Brust (Herz, Lunge) hat und dem das Fühlen zugeordnet ist;
– das Stoffwechsel-Gliedmaßen-System, das sein Zentrum im Bauch hat und dem das Wollen zugeordnet ist.

Diese Systeme stehen beim gesunden Menschen in einem ausgewogenen Verhältnis zueinander. Das Nerven-Sinnes-System und das Stoffwechsel-Gliedmaßen-System verhalten sich dabei polar zueinander, während das rhythmische System vermittelt. In diese Systeme hinein fügen sich die vier Wesensglieder. Gelingt ihre Inkarnation, so kommt es zu einem harmonischen, gesunden Zustand.

Ist das Verhältnis der Systeme zueinander gestört oder fügen sich die Wesensglieder nicht harmonisch ein, so kommt es zu Krankheiten. Dieses Verständnis bringt es mit sich, daß eine Krankheit immer den ganzen Menschen betrifft: Leib, Seele und Geist.

Entsprechend muß die Behandlung ausgerichtet sein, die niemals schematisch oder nur naturwissenschaftlich-technisch sein kann. Die Behandlung richtet sich entweder darauf, das schwächere System zu stärken, oder das starke System zu dämpfen, der Dominanz des einen über das andere entgegenzuwirken und die Harmonie wiederherzustellen.

Anthroposophische Medizin wird in vielen Arztpraxen zusätzlich zur Schulmedizin angewendet, dazu in eigenen Kliniken: z.B. in der Ita-Wegmann-Klinik in Arlesheim, in Witten-Herdecke, in der Fildern-klinik (bei Stuttgart) und in Öschelbronn (in der Nähe von Pforzheim).

4.3. Zur religiösen «Erneuerung»: Die Christengemeinschaft

Die religiöse Lebensform der Anthroposophie heißt «Christenge-meinschaft». Sie ist seit ihrer Entstehung (1922) zwar organisatorisch selbständig, hängt aber in ihrer Gestaltung von Rudolf Steiner ab[53]. Steiner hielt für (evangelische) Theologen – unter ihnen Friedrich Rittelmeyer und Emil Bock – Kurse zur «religiösen Erneuerung», als deren Ergebnis sich die Christengemeinschaft bildete. Er formulierte das Bekenntnis der Christengemeinschaft (das allerdings nicht bindend sein soll) und die liturgischen Texte für die «Handlungen» – in der Begrifflichkeit der Christengemeinschaft hat Steiner sie «gegeben», aus der «geistigen Welt herabgeholt». Einer, der dabei war, beschreibt ihre Entstehung wie folgt:

> «Nun führte er (= Steiner, J.B.) uns unmittelbar in den Geist der Kultus-handlung ein. ‹Die Gegenwart des Christus muß herbeigeführt werden, und sie kann herbeigeführt werden›. Im entscheidenden Augenblick erhob er sich von seinem Stuhl und trat, das Angesicht uns allen zugewendet, neben den Altar. . . . ‹Nehmt es hin›, sagte er, ‹aus geistigen Welten herunter erbeten – nehmt es hin und vollbringt es kraft eurer Weihehandlung› . . . Damit war die Christengemeinschaft als Bewegung für religiöse Erneue-rung inauguriert, unter Dr. Steiners Leitung und Anweisung»[54].

«Unter Dr. Steiners Leitung und Anweisung» – deutlicher kann wohl kaum die Abhängigkeit der Christengemeinschaft von Steiner (und seiner Anthroposophie) beschrieben werden. In dem 1993 veröffentlichten Bericht einer gemeinsamen Gesprächsgruppe zwischen Vertretern der Christengemeinschaft und evangelischen Theologen heißt es dazu:

> «Gemäß ihrem Selbstverständnis ist ihre (= Christengemeinschaft, J.B.) Entstehung in einem durch Offenbarung erneuerten Kultus begründet. Durch die Mittlerschaft Rudolf Steiners erfolgte in unserer Zeitepoche die Einstiftung dieses Kultus, der Abbild des urbildlichen Kultus in den Himmeln ist»[55].

Steiner gilt also in der Christengemeinschaft bis heute als Offenbarungsmittler (ebd., Nr. 11, S. 268).

Im Zentrum der Christengemeinschaft stehen dementsprechend weder Lehre noch Bekenntnis, sondern der Kultus – der Gottesdienst («Menschenweihehandlung») und die sieben Sakramente. So formuliert ihr langjähriger Leiter («Erzoberlenker») Emil Bock:

> «Zunächst ist das Erste und Wichtigste, was sich die Christengemeinschaft zum Ziel setzt, Frömmigkeit anzupflanzen. Pflanzstätten des Stilleseins, der inneren Ruhe-Kraft, der Innerlichkeit sollen entstehen, Pflanzstätten, wo die Kunst des Betens neu erlernt und in die Welt eingebaut wird ... Kultus und Sakrament sind das Herz des in der Christengemeinschaft gepflegten religiösen Lebens» (Was will die Christengemeinschaft, S. 9).

Die Christengemeinschaft möchte

> «In freier Begeisterung in allen ihren einzelnen Gliedern mitwirken ... daran, daß wieder das Licht einer höheren, göttlich durchatmeten Welt in unser irdisches Erkennen hereinfällt» (ebd., S. 21).

Die Christengemeinschaft kennt sieben Sakramente: Taufe, Konfirmation, Beichte, Abendmahl, Trauung, Priesterweihe (von Anfang an auch für Frauen) und Letzte Ölung. Ihre Spendung ist nicht an eine Mitgliedschaft gebunden. Kurt von Wistinghausen faßt das Sakramentsverständnis der Christengemeinschaft so zusammen:

> «Unter einem Sakrament verstehen wir ein solches religiöses Geschehen, das in die äußere, die Körperwelt hereinragt und sie miteinbezieht. Es gemahnt an einen ursprünglichen Weltenzustand, bei dem Geist und

Materie noch nicht getrennt, sondern unmittelbare Äußerungen des einen geistig-physischen göttlichen Vaterwesens waren» (Kurt v. Wistinghausen, Die erneuerte Taufe, S. 52).

Solche Aussagen sind weit entfernt vom Sakramentsverständnis einer christlichen Kirche – trotz aller dort wiederum vorfindlichen Breite der Interpretation. Bei aller Verschiedenheit im Raum der Konfessionen bleibt doch der Bezug des Sakraments auf das Wort der Bibel erhalten: die Sakramente treten als «sichtbares Wort» (Augustin) dem unsichtbaren Wort an die Seite als eine andere Art des Wirkens Gottes an und für uns. Die Aussagen v. Wistinghausens dagegen sind ohne den Hintergrund der Anthroposophie und ohne die Akzeptanz anthroposophischer Aussagen nicht zu verstehen.

Der Unterschied zur evangelischen oder katholischen Auffassung wird am Beispiel der Taufe konkret. Nach K. v. Wistinghausen ist die «Taufe die geistige Seite der Geburt» (ebd., S. 15): «Die aus dem Bewußtsein vom ewigen Ursprung des Menschen erneuerte Taufe der Christengemeinschaft ... leitet die Seele aus dem Himmel zu ihrer Aufgabe auf der Erde» (ebd., S. 18).

Die Taufe geschieht an jenen Stellen des Körpers, «wo der geistig-seelische Mensch am deutlichsten im Leibe zum Ausdruck kommt und gefühlt wird» (ebd., S. 52): An der Stirn, am Kinn und an der Brust: «an diesen dem Geist zugänglichen Stellen greift das Sakrament der Taufe bis in das körperliche Gefüge ein, segnet es und gestaltet es zur irdischen Heimat der aus den Weltenweiten herabkommenden Seele» (S. 53).

Die Taufe wird mit drei Substanzen vorgenommen: Wasser, Salz und Asche: Die Wassertaufe geschieht auf der Stirn, «das flüssige Element berührt ihn (= den Täufling, J.B.) eben dort, wo der menschliche Organismus am härtesten und geschlossensten ist». Sie «nimmt den Täufling in den geschichtlichen Taufstrom auf, der seit der Jordantaufe durch die Christenheit fließt» (S. 55). «Mit dem alten Gottszeichen des Dreiecks wird es (= das Wasser, J.B.) auf die Stirn aufgetragen» (S. 56).

«Am Kinn wird das Kind mit Salz getauft; durch die Anfeuchtung ist wiederum das Wasser beteiligt». Dieses Element «begegnet aber dem Täufling am Munde, dort, wo er lernen wird, aus dem Atemhauch das geistig-sinnvolle Wort zu formen, um ein rechter Mensch zu werden» (S. 55f.). «In Form eines Vierecks kommt das Salz auf das Kinn» (S. 57).

«An der Burst erfährt der Täufling die Berührung mit Asche (reiner Holzasche), die wiederum mit Wasser befeuchtet ist ... An der Stelle

des kindlich-zarten Leibes, wo das Leben am deutlichsten pulst, empfängt der Täufling die Taufe durch die Spur des Feuers» (S. 56).
«Aus dem Feuer der Schicksalserfahrungen, aus Tod und Asche geht der zu höherem Leben auferstehende Mensch hervor. Die Gebärde der Asche ist das Kreuz» (S. 57).
Diese dreifache Berührung bezieht v. Wistinghausen auf die Trinität Gottes, jedoch ohne sie «eindeutig» zuzuordnen: Vater, Sohn und Heiliger Geist wirken in jedem Teil der Taufe. Nach eigenem Verständnis ist diese Taufe zutiefst trinitarisch: «Die Taufe im Namen der Dreieinigkeit berührt alle Bereiche und geschieht im großen grundlegenden Rhythmus der Drei, der aus dem christlichen Gottesnamen hervorpulst» (S. 70f.).
Da die Tauftexte – wie alle kultischen Texte – nicht veröffentlicht sind, kann nicht überprüft werden, inwieweit die Deutung v. Wistinghausens zwingend ist, inwieweit auch eine Interpretation möglich wäre, die die Taufe näher an das Taufgeschehen der ökumenischen Christenheit heranrückt.
Problematisch ist für evangelische oder katholische Christen die Verbindung der Taufe mit einem Menschenbild, das von der Präexistenz der Seele und ihrer (derzeitigen) Verkörperung auf der Erde ausgeht. Die Taufe ist ein lebensbegleitender Ritus (die Taufe «ergänzt» die Geburt, S. 96), sie ist nicht mehr ursächlich mit Tod und Auferstehung Jesu Christi verbunden. Die Taufform, die nicht ein Nennen von Vater, Sohn und Heiligem Geist unter dreimaliger Begießung mit Wasser kennt, hindert die evangelische wie die katholische Kirche an der Anerkennung dieser Taufe.
Alle kultischen Texte der Christengemeinschaft blieben bis heute unveröffentlicht mit der Begründung, die Vergegenwärtigung des Christus im Kultus erscheine «jeweils durch Sprechen, Hören und Handeln in der Gemeinde» – daher «werden die Wortlaute der Rituale von der Christengemeinschaft nicht veröffentlicht»[56].
Bekannt geworden ist dagegen das «Bekenntnis», das allerdings keinen verpflichtenden Charakter haben soll. Es wurde von Steiner verfaßt und heißt:

> «Ein allmächtiges geistig-physisches Gotteswesen ist der Daseinsgrund der Himmel und der Erde, das väterlich seinen Geschöpfen vorangeht.
> Christus, durch den die Menschen die Wiederbelebung des ersterbenden Erdendaseins erlangen, ist zu diesem Gotteswesen wie der in Ewigkeit geborene Sohn.
> In Jesus trat der Christus als Mensch in die Erdenwelt. Jesu Geburt auf

Erden ist eine Wirkung des Heiligen Geistes, der, um die Sündenkrankheit an dem Leiblichen der Menschheit geistig zu heilen, den Sohn der Maria zur Hülle des Christus bereitete. Der Christus Jesus hat unter Pontius Pilatus den Kreuzestod erlitten und ist in das Grab der Erde versenkt worden.

Im Tode wurde er der Beistand der verstorbenen Seelen, die ihr göttliches Sein verloren hatten. Dann überwand er den Tod nach dreien Tagen.

Er ist seit dieser Zeit der Herr der Himmelskräfte auf Erden und lebt als der Vollführer der väterlichen Taten des Weltengrundes.

Er wird sich einst vereinen zum Weltenfortgang mit denen, die er durch ihr Verhalten dem Tode der Materie entreißen kann. Durch ihn kann der heilende Geist wirken. Gemeinschaften, deren Glieder den Christus in sich fühlen, dürfen sich vereinigt fühlen mit einer Kirche, der alle angehören, die die heilbringende Macht des Christus empfinden.

Sie dürfen hoffen auf die Überwindung der Sündenkrankheit, auf das Fortbestehen des Menschenwesens und auf ein Erhalten ihres für die Ewigkeit bestimmten Lebens. – Ja, so ist es[57].

Dieses Bekenntnis spiegelt weitgehend anthroposophische Christusvorstellungen wider: Jesus, der Mensch, wird zur Hülle, der Christus, die göttliche Wesenheit, wird zum Wesenskern; er wirkt als Herr der Himmelskräfte auf Erden (Steiner: er wirkt als Christus-Impuls auf der Erde). Viel ist die Rede vom «Fühlen» und «Empfinden» – es hängt vom Subjekt ab, ob die Tat Christi für den Einzelnen Sinn macht – das Verhalten der Menschen ist ausschlaggebend dafür, ob Christus sie dem Tode entreißt ... kurz: Was auf den ersten Blick wie eine umständliche Umschreibung des Apostolischen Glaubensbekenntnisses wirkt, ist doch ein Dokument der Durchdringung der Christengemeinschaft mit anthroposophischem Gedankengut. Dazu paßt die Selbstaussage im schon mehrfach zitierten «Bericht» der Gespräche zwischen Christengemeinschaft und evangelischen Gesprächspartnern von 1993: «Die Anthroposophie ist nicht ein beliebiger, sondern ein wesentlicher, wenn auch nicht ausschließlicher Verstehenshorizont» (Nr. 16, S. 268). Nun, dieser gekünstelte Satz zeigt, wie man sich windet, um einerseits sich selbst treu zu bleiben, andererseits auch weiterhin Gesprächspartner evangelischer Theologen sein zu können. Die Gespräche, die diesen Bericht zum Ergebnis hatten, wurden zwischen 1990 und 1993 geführt[58]. Gesprächspartner waren Vertreter der Christengemeinschaft, der Evangelischen Zentralstelle für Weltanschauungsfragen (EZW) und des Konfessionskundlichen Instituts des Evangelischen Bundes in Bensheim. Sie befaßten sich schwerpunktmäßig mit dem «Verständnis von Offenbarung und Kultus» und mit der

Taufe. Ergebnisse dieser Gespräche formuliert ein Schlußbericht, in dem die Einbeziehung von Kriterien aus dem ökumenischen Dialog und die Praxis von «Konvergenzerklärungen» zu einer größeren Offenheit der evangelischen Seite führte[59].

Es ist hier nicht der Ort, eine präzise Analyse der Texte vorzunehmen, nur einige Anmerkungen sind notwendig. In diesen Gesprächen wurde das Verständnis des eigenen Kultus als neue Offenbarung seitens der Christengemeinschaft bestätigt, zugleich wurde erklärt, diese neue Offenbarung betreffe keineswegs die Lehre, sondern für die Inhalte sei allein die Offenbarung in Jesus Christus maßgeblich. Wie auch früher schon wird betont, die Christengemeinschaft kenne keine bekenntnismäßige Bindung ihrer Priester und ihrer Mitglieder, jeder sei lehrmäßig frei – mit einer Einschränkung: «im Rahmen der dem Kultus (einschließlich des Bekenntnisses) inhärenten Glaubenswahrheiten».

Da diese kultischen Texte jedoch nicht diskutiert werden können, ist die großartige Behauptung einer «Lehrfreiheit» nicht überprüfbar.
Was sind denn diese «inhaerenten Glaubenswahrheiten» – also Glaubenswahrheiten, die in den liturgischen Texten vorliegen und gesprochen werden, die aber nicht als Lehre formuliert sind? Welche Sicht vom Menschen, welche Vorstellung von Christus, von der Bedeutung seines Wirkens wird denn da vermittelt? Steiner hat hier doch wohl kaum anders formuliert als er an anderer Stelle gelehrt hat! Nur eine Veröffentlichung der Texte und eine offene Diskussion darüber kann diesen Verdacht entkräften! Sollten sie aber ähnliche Aussagen in sich tragen wie das Bekenntnis, ist die «Lehrfreiheit» doch recht eingeschränkt!
In bezug auf die «Menschenweihehandlung» und das Abendmahlsverständnis nahmen beide Seiten «partiellen Konsens und mancherlei Konvergenzen» wahr. Bedarf für weitere Gespräche zu diesem Thema wird festgestellt (N. 30, S. 271).
Große Probleme machte das Thema Taufe (s.o.!). Zwar erkennt die evangelische Seite «wesentliche Elemente der christlichen Tauftradition wieder», doch «Rückfragen» bleiben: nach der Rede von der «Präexistenz der Seele» (s.o.), nach der Ablehnung der Erwachsenentaufe (Nr. 35) (sie ist für die Christengemeinschaft «noch ein offenes Problem», Nr. 33). Der Vollzug der Taufe, der nicht die Taufe «im Namen Gottes, des Vaters, des Sohnes und des Heiligen Geistes bei gleichzeitiger dreimaliger Begießung mit fließendem Wasser oder durch Untertauchen» kennt, widerspricht dem «ökumenischen Konsens», dem sich die evangelische Kirche verpflichtet weiß. «Diese ökumenische Rücksichtnahme bildet deshalb nach wie vor eine **unüberwindbare Schranke für die Anerkennung der in der Christengemeinschaft geübten Taufe**» (Nr. 42, S. 274).
Der Bericht endet mit der Formulierung von Fragen und Empfehlungen:

Die Vertreter der Christengemeinschaft stellen fest: «Die Christengemeinschaft versteht sich als Teil der einen Kirche Jesu Christi und erkennt auch in diesem Sinn die evangelische Kirche an. Sie bejaht die Basisformel des Ökumenischen Rates der Kirchen». Die evangelischen Gesprächsteilnehmer» empfehlen, das Selbstverständnis der Christengemeinschaft anerkennend zu respektieren» (Nr. 46, S. 275).

Drei Fragen werden gestellt:

- «Wie ist das Verhältnis von Anthroposophie und Theosophie zu bestimmen?» Anthroposophische Einflüsse wie z.B. die «Offenheit für den Reinkarnationsgedanken» bedürfen der Klärung.
- «Wie ist der Einfluß anderer christlicher Kirchen auf den Kultus der Christengemeinschaft zu bewerten?»
- «Wie ist die Anerkennung der Christlichkeit der Christengemeinschaft und damit ein geschwisterlicher Umgang miteinander zu ermöglichen?» Hier wird empfohlen, «offizielle Gespräche» aufzunehmen (Nr. 47, S. 275).

Ob es zu solchen Gesprächen kommt, bleibt abzuwarten. Vorerst gilt weiterhin: die Christengemeinschaft ist aufgrund ihrer engen Verbindung zur Anthroposophie von den anderen Kirchen isoliert.

Es ist bemerkenswert, daß der Schlußbericht überall dort offen und vage bleibt, wo die Verbindung zur Anthroposophie angesprochen ist. Ob in der Christengemeinschaft Theologie und Anthroposophie tatsächlich so klar voneinander geschieden werden können, wie ihre Vertreter behaupten, kann mit Fug und Recht bezweifelt werden. Bislang jedenfalls gibt es m.W. noch keine theologischen Arbeiten im Raum der Christengemeinschaft, die nicht in Terminologie und anthropologischem Hintergrund der Anthroposophie verpflichtet wären, oder die sich gar von der Anthroposophie kritisch absetzen!

Es bleibt also dabei: Die Christengemeinschaft ist weder Mitglied in der «Arbeitsgemeinschaft christlicher Kirchen (ACK)» noch im «Ökumenischen Rat der Kirchen» (ÖRK). Ihre Taufe wird von den in der ACK vertretenen Kirchen nicht als christliche Taufe anerkannt.

5. Begegnung und Abgrenzung

5.1. Anmerkungen zum Dialog

Ein für christliche Ohren sehr fremdartiges Denkgebäude mit ungewöhnlichen (meditativen) Zugängen, mit offenen, einladenden Fluren, verborgenen Kammern und wohl auch Labyrinthen ist in Grundrissen skizziert worden. Wir müssen nun fragen: wie verhält sich diese Anthroposophie zum christlichen Glauben, der sich auf die Bibel als Grundlage stützt und darauf hofft, daß Gottes lebendiger Geist uns in der Gegenwart führt und leitet?

Es kommt nun darauf an, nicht nur das Trennende festzustellen, wie es schon oft geschehen ist. So wichtig dies um der Klarheit des Gesprächs auch ist, so reicht doch Abgrenzung allein nicht aus. Das gilt nicht nur im Blick auf die Anthroposophie, sondern allgemein für die Begegnung mit Weltanschauungen und religiösen Gruppierungen. Denn mit ihrer Existenz, ihrem Anwachsen werden drängende Anfragen an die gegenwärtige Gestalt der christlichen Kirchen gerichtet, die nicht einfach beiseite geschoben werden dürfen. So kann die Betrachtung einer anderen Weltanschauung ein Spiegel sein, in dem der eigene Glaube, mit den jeweiligen Möglichkeiten und Defiziten deutlicher gesehen wird.

Die Darstellung der Anthroposophie geschieht hier also nicht, um sie abzuqualifizieren und auch nicht – wie gerne unterstellt wird – aus Angst, die eigenen Leute (Gemeindemitglieder) könnten «infiziert» werden und benötigten Schutz. Sie geschieht vielmehr vor allem, um – neben notwendiger Information – kritisch zu fragen: Welche Elemente sind dort hilfreich oder problematisch und welche Aussagen und Lebensformen bedürfen in der (evangelischen) Theologie und Kirche – im Licht der Anthroposophie – eine Verdeutlichung oder Korrektur? So gehen die folgenden kritischen Bemerkungen in diese beiden Richtungen.

Dabei kann es nicht das Ziel sein, Harmonie zwischen beiden Anschauungen herbeizureden, es ist auch wichtig und gut, Widersprüchliches als solches stehenzulassen, die Dissonanz auszuhalten und damit auch den Lesern eigene Weiterarbeit und letztlich eine Entscheidung zuzumuten, obwohl das heute in einer Zeit weltanschaulicher Großzügigkeit unpopulär ist.

5.2. Was macht die Anthroposophie derzeit attraktiv?

Ohne Zweifel sind es in erster Linie die praktischen Werke und Einrichtungen, denen sich das Interesse vieler Menschen zuwendet. Jedoch reicht dieser Hinweis in den letzten Jahren nicht mehr aus. Hat man sich vor einigen Jahren noch schwer getan, die Verbindung etwa zwischen Waldorfpädagogik und Anthroposophie herauszustellen[60], ist inzwischen ein geistiges Klima vorhanden, in dem auch anthroposophische Zusammenhänge und Hintergründe in zahlreichen Vorträgen in die Öffentlichkeit getragen werden.

So müssen wir heute also genauer fragen: Was macht die Anthroposophie als religiös-philosophische Weltanschauung attraktiv? Folgende Argumente drängen sich dem kritischen Beobachter auf:

– Anthroposophie verspricht, die Grenzen der Erkenntnis zu sprengen und neue Erkenntnismöglichkeiten zu schaffen. Erkenntnis wird also aus den strengen Grenzen der bloßen Vernunft befreit und nimmt teil am allgemeinen Fortschritt.

– Anthroposophie bietet einen Gesamtrahmen, innerhalb dessen sich der einzelne Mensch mit seinen Lebenserfahrungen finden (und erklären) kann. Im gleichen Erklärungsmuster wird das Weltganze mit seinen oft so verwirrenden und angstmachenden Ereignissen als Einheit sichtbar. Und schließlich werden beide, Mikrokosmos und Makrokosmos, auch noch miteinander verbunden. Anthroposophie – so kompliziert sich auch das Gefüge darstellt – dient letztlich dem Hang nach Vereinfachung der komplexen Welt und der Sehnsucht nach Harmonie inmitten einer disharmonisch, ja, chaotisch erfahrenen Welt.

– Das Bedürfnis nach Wissen auch in jenen Bereichen, die dem natürlichen Erkennen entzogen sind (Was war vor der Geburt? Was kommt nach dem Tod? Wo sind die Menschen, die vor uns auf der Erde lebten?) erhält hier das Angebot einer Antwort, die in sich schlüssig und rational ist, wenn erst einmal der Gesamtrahmen akzeptiert wird.

– Die Situation der Gegenwart scheint zu zeigen, daß die bisherige Entwicklung in einer Sackgasse steckt. Globale Krisen ziehen herauf:

  • eine geistige Sinnleere, die zu zahlreichen Suchterscheinungen mit all ihren negativen Folgen führen: genannt seien nur Konsum, Alkohol, Nikotin, Spielleidenschaft, Drogen, Pharmaka. Oder die Sinnleere führt zu psychischen Krankheiten, zu Gleichgültigkeit und Aggression.

- Das Gefühl, in einer unüberschaubaren Welt anonym zugrunde zu gehen und keinen Halt mehr zu haben, also an der Moderne und ihren Lebensäußerungen physisch und psychisch zu scheitern.
- Ökologische Bedrohungen wie der Treibhauseffekt und seine mutmaßlichen Klimaveränderungen, das Ausdünnen der Ozonschicht und die Gefahr durch ungefilterte UV-Strahlen, das Waldsterben bei uns und das Abholzen von tropischen und nordischen Urwäldern.
- Bedrohungen durch die Industrialisierung des Alltags: chemisch (und demnächst gentechnisch) präparierte Lebensmittel; eine rein naturwissenschaftliche «Apparatemedizin», die den Patienten nicht mehr als ganzen Menschen in den Blick nimmt und Angst macht; die Kernenergie, die dem Moloch Industriegesellschaft Energie zuführt, die aber auf unabsehbare Zeit durch die Strahlengefahr Leben bedroht.

Weitverbreitet ist das Gefühl, daß die gegenwärtige Gesellschaft mit ihren sinnstiftenden Einrichtungen (also z.B. den Kirchen) keine angemessene Antwort für all diese (und viele andere) Gefahren und Probleme findet. Probleme werden oft verschleiert und nicht analysiert, Lösungsversuche geraten zu Halbherzigkeiten und werden von partikularen Interessen unterlaufen. Eine Wende müßte stattfinden, so wird vielerorts gefordert – doch woher soll die geistige Kraft dazu kommen? Den Kirchen wird sie von der Gesellschaft nicht mehr zugetraut – und was schlimmer ist: sie vermitteln oft den Eindruck, sich selbst bzw. ihrer Botschaft diese Kraft nicht (mehr) zuzutrauen.

Wem sich die Gesellschaft und die geistige Situation der Zeit so (oder ähnlich) darstellt, für den bietet Anthroposophie eine harmonische Weltanschauung, die alles in einem neuen Licht zeigt. Die Anschauung von der Welt ist klar gegliedert:

- Was hier auf Erden geschieht, hat seine eigentliche Begründung in geistigen Gesetzen und geistigen Bewegungen. Es gibt in all dem Chaos Harmonie, in allem scheinbar sinnlosen einen Sinn; der auch noch zu einer zukunftsträchtigen Entwicklung führt.
- Der Mensch hat ein Entwicklungsziel, das ihn hinführt zum Grund alles Seins, zur göttlichen Welt. Er erarbeitet sich diesen Weg selbst – das entspricht unserem neuzeitlichen Ethos. Er wird aber unterstützt und getragen von der Kraft des Christus, der sei-

nem Ich immer neue Impulse zur geistigen Stärkung zukommen läßt.

– Leben und Tod, Erfahrung des Leides und Erfahrung des Gelingens, Wachen und Schlafen, Lieben und Hassen, Einsamkeit und Begegnungen – alles findet seinen Platz in diesem Rahmen – und erklärt, was sonst unzusammenhängend nebeneinander oder gar gegeneinander steht.

Das Bewußtsein, zu den wenigen zu gehören, die die Zusammenhänge von Mensch, Welt und Kosmos durchschauen, verschafft das begehrte Gefühl, zu einer Elite zu gehören, die all den anderen, den Nicht-Wissenden, weit voraus ist.

Diese Attraktivität teilt die Anthroposophie derzeit mit vielen anderen neuen religiösen oder philosophischen Gemeinschaften, die unsere gegenwärtig so bunte und vielschichtige Zeit mitprägen.

5.3. Theologische Anfragen und Herausforderungen

Aus der Perspektive einer christlichen Theologie und einer kirchlichen Praxis müssen nun aber doch erhebliche Anfragen gestellt werden.

5.3.1. Anthroposophie als Testamentsvollstreckung des Christentums?

Die Situation, die zu einer Hinwendung zur Anthroposophie führt, muß ernst genommen werden. Dies gilt im subjektiven Sinn, denn hier sprechen sich Sehnsüchte, Erfahrungen, religiöse und profane Hoffnung oder Ängste aus, die von der Botschaft der Kirche, meistens aber auch nur von der Art, wie sie derzeit verkündet und gelebt wird, vernachlässigt worden sind bzw. werden.

Von nicht geringem Selbstbewußtsein ist der «objektive» Anspruch geprägt, mit der Anthroposophie habe eine neue Zeit des Christentums begonnen, und die anthroposophische Sicht löse die kirchlich-theologische ab (Stichwort «Testamentsvollstreckung»[61]). Die Entwicklung der Menschheit habe eine neue Stufe erreicht und die Zeit der Kirchen, ihre Verkündigung eines offenbarten Glaubens, einer göttlichen Gnade, die persönlich zu verantwortende Schuld vergibt und eines einmaligen Erdenlebens, dem eine Auferstehung folgt, sei überholt. Eine solche Behauptung ist selbstverständlich für jede Form kirchlicher Theologie unakzeptabel.

Die Hinnahme eines solchen Anspruchs durch viele Kirchenmitglieder, die sich an anthroposophischen Institutionen beteiligen, bzw.

Anthroposophie und Kirche harmonisieren wollen, ist eine Mahnung an die christlichen Kirchen und die konkrete Arbeit in den Gemeinden, immer neu nach Wegen zu suchen, wie die Botschaft vom «Wort Gottes, Jesus Christus, in heutiger Sprache, in heutigen Bildern ausgedrückt werden kann. Es sollte deutlich werden: Die gegenwärtige Gesellschaft ist nicht (wie gerne suggeriert wird) ein Ergebnis des Christentums, sondern in vielem sein Gegenbild. Christlicher Glaube und christliche Verkündigung kritisieren die Fehlentwicklungen unserer Zeit von den eigenen Grundlagen her nicht weniger radikal als die Anthroposophie. Sie versuchen, ein Leben zu gestalten, das dem Auftrag gerecht wird, die Schöpfung zu pflegen und zu bewahren, ein Leben, das am Leiden (und an der Freude) des Nächsten nicht teilnahmslos vorübergeht; ein Leben, das die Gegenwart als Geschenk Gottes annimmt, aber sich nicht damit begnügt, sondern eine klare Hoffnung auf die Zukunft Gottes mit uns Menschen formuliert. Um das tun zu können, dürfen aber nicht zu viele Kompromisse mit den herrschenden gesellschaftlichen Kräften geschlossen werden. Die Freiheit der Kirche muß erhalten, gegebenenfalls neu durchgesetzt werden.

5.3.2. Erkenntnisse der höheren Welten oder Glaubenserfahrungen?

Rudolf Steiner bietet aufgrund seiner «Einweihung» in die geistige Welt «Erkenntnisse der höheren Welten» an. Diese seien «wissenschaftlich» erforscht und trügen einen objektiven Charakter. Hier kann eine christliche Theologie nicht mitgehen. Denn Gottes Welt ist unserem methodischen Erkennen nicht zugänglich. Wenn wir auch noch so intensive Meditationserfahrungen machen: wir bleiben in unserer eigenen Welt. Es wäre auch ein Mißverständnis des Glaubens, wenn durch ihn ein sonst nicht zugängliches gegenständliches Wissen vermittelt würde. Glaube besteht nicht im Fürwahrhalten von Behauptungen, sondern in einem tiefen Vertrauen auf Gott, wie es Jesus Christus gezeigt hat. Dieses Vertrauen ist so stark, daß es das Leben prägt, daß Christen ihr Leben darauf wagen. Der Glaube kann allerdings im Nachhinein mit wissenschaftlichen Methoden ausgesprochen, verantwortet werden – das ist die Aufgabe der Theologie. Es stellt sich die Aufgabe für die Kirchen, deutlich zu machen, daß Glaube nicht Lehre ist, sondern Erfahrung – Erfahrung des Vertrauens und der Treue, Erfahrung mit Gott. Diese Erfahrung benötigt aber immer wieder die Rückbildung an biblische Glaubenszeugnisse als ihre

Norm. Die Kirchengemeinden sind aufgerufen, Möglichkeiten zu schaffen, um solchen Erfahrungen Raum zu geben bzw. zu Erfahrungen hinzuführen: in Gottesdiensten, im gemeinsamen Gebet, im gemeinsamen Gesang, in der Feier des Sakraments des Abendmahls und im gemeinsamen Stillesein vor Gott.

5.3.3. Der Mensch – vierfach gegliedert?

Anthroposophie vermittelt ein hohes Bild vom Menschen als Zwischenwesen zwischen der geistigen Welt, der es durch sein *Ich* zugehört, der astralen Welt, dem Weltenäther und der Materie. **Eigentlich** ist der Mensch nur sein Ich, es bildet die Kontinuität in den verschiedenen Erdenleben, es ist Träger der Persönlichkeit. Es muß gefragt werden: Liegt hier nicht eine Abwertung des Leiblichen gegenüber dem Geistigen vor, das immer als das «Höhere» angesehen wird? Schließlich sollen im Laufe der Entwicklung die niederen Wesensglieder vergeistigt werden, um dem Aufstieg des Menschen nicht im Wege zu stehen.

Für christlichen Glauben ist ganz deutlich: die Bibel kennt solche Unterscheidungen in Wesensglieder nicht. Der Mensch ist ganz und gar, mit «Leib und Seele», Gottes Geschöpf, von ihm geliebt und angenommen. Heinz Zahrnt macht darauf aufmerksam, daß der Mensch nicht nur seinen Leib **hat,** sondern auch sein Leib **ist.** Er formuliert dieses «ganzheitliche» Anliegen der Bibel so:

> «Zum Leib gehört nicht nur die Körperlichkeit, sondern alles, was die ‹Leibhaftigkeit› eines Menschen ausmacht: Abstammung, Begabung, Ausbildung, Beruf, Ehe, Freundschaft – und dies hängt nicht an ihm wie ein Kostüm, sondern es ‹gestaltet› sein Wesen» (Gotteswende, S. 213).

Christliche Gemeinden sind herausgefordert, immer neu auszusprechen, was dieses biblische Menschenbild für ethische Konsequenzen hat. Die Lebensbedingungen, Arbeitsmöglichkeiten, Schulen, Krankenhäuser und Altersheime, die weiten Bereiche diakonischer Arbeitsfelder sind dann wesentliche Teile christlichen Glaubens und Lebens. Umgekehrt gilt aber auch: Der Mensch geht nicht auf in seinem materiellen Körper. Christliche Theologie muß sich zwar auch vor materialistischer Kritik verantworten, aber sie muß vertrauensvoll festhalten daran, daß der Mensch als Gottes Ebenbild trotz aller Sterblichkeit Anteil an Gottes Ewigkeit hat.

5.3.4. Der Weg zum Ziel: Reinkarnation oder Auferstehung, Karma oder Gnade?

Hier setzt die nächste Frage ein. Anthroposophie spricht von den geistigen Gesetzen der Reinkarnation und des Karma, denen der Mensch unterworfen sei.

Aus der biblisch-christlichen Tradition muß dazu kritisch vermerkt werden:

a) Die Schriften des Alten und Neuen Testaments kennen keinen Reinkarnationsgedanken. Alle Versuche, Spuren dieser Vorstellung in der Bibel zu finden, sind zum Scheitern verurteilt. Dies gilt auch für die beiden angeblichen Belegstellen, die immer wieder angeführt werden, als Beweis für Reinkarnationsgedanken im Neuen Testament. Nach Mt 11,14 wird Johannes als der erwartete Elia bezeichnet. Elias Kommen war aber nicht Teil einer Reinkarnationsvorstellung, sondern ein vom Judentum zur Zeit Jesu erwartetes einmaliges eschatologisches Zeichen für das unmittelbar bevorstehende Kommen des Messias (Mal 3,23). Diese Vorstellung hat ihren Grund einmal in der außergewöhnlichen Gestalt des Propheten Elia, sowie in der Besonderheit seines Endes: Nach 2. Kön. 2 war Elia nicht gestorben, sondern im feurigen Wagen gen Himmel gefahren.

Auch durch den zweiten gerne zitierten Text läßt sich keine Reinkarnationsvorstellung in der Bibel belegen. Im Johannes-Evangelium wird berichtet, daß die Jünger Jesus angesichts eines Blindgeborenen nach dem Grund für sein Leiden fragen: «Wer hat gesündigt, dieser oder seine Eltern, daß er blind geboren ist?» (Joh 9,2). Jesus weist diese Frage zurück. Das Leiden ist nicht Folge von Schuld, der konstruierte Kausalzusammenhang besteht nicht. Zu dieser Stelle ist auch ein anderer Hinweis am Platz: die rabbinische Literatur kennt Überlegungen, daß ein Kind bereits im Mutterleib sündigen kann[62]. Allerdings stimmt Jesus in seiner Antwort auch dieser (für unsere Ohren sehr ungewöhnlichen) Denkweise nicht zu. Sie sei nur angeführt, um zu zeigen, daß der Reinkarnationsgedanke nicht der einzige Verstehenshorizont der Jüngerfrage sein muß, wie von Vertretern der Reinkarnationslehre immer gerne behauptet wird.

Der Glaube der Christen richtet sich auf anderes: nicht auf wiederholte Erdenleben zur Entwicklung des Ich, sondern auf ein von Gott geschenktes ewiges Leben. Das ewige Leben beginnt, wenn Menschen Jesus Christus vertrauen – und es wird durch den Tod nicht vernichtet (so Joh 3, 16ff.; 11,25).

Die Kirche muß sich aber fragen lassen, ob sie diese Botschaft vom ewigen Leben auch verkündet. Hat nicht das langjährige Gespräch mit der Philosophie der Aufklärung und des Marxismus dazu geführt, daß theologische Aussagen nur noch auf die Spanne zwischen Geburt und Tod bezogen wurden? Hier wäre mehr Glaubenszuversicht, mehr gelebte Hoffnung auf den lebenstiftenden Gott angesichts der todbringenden Mächte zu wünschen. Christen – und Suchende – dürfen in den christlichen Gemeinden nicht mit ihren Fragen nach Tod und Leben alleingelassen werden.

b) Steiners Reinkarnationsvorstellung rechnet mit einer fortwährenden Entwicklung hin zum Göttlichen. Wer schuldig geworden ist, erhält aufgrund seines Karma Gelegenheit, diese Schuld im nächsten Leben zu tilgen – er wird in eine entsprechende Situation hineingeführt, in der er seine frühere Schuld ausgleichen, abarbeiten kann. Die biblische Botschaft kennt solche Wiederholbarkeit, solche Möglichkeit zur Verbesserung nicht. Jesus Christus und die Verkündigung der Apostel rufen vielmehr in die Entscheidung. Die Einmaligkeit des Lebens macht diesen Ruf so drängend (vgl. Heb 9,27). Die Bibel betont immer wieder das «Heute!» (vgl. Lk 4,21; 19,9; 23,43; Heb 3,15) und die Bedeutung des gerade jetzt sich ereignenden Zeitpunkts. Diese biblischen Aussagen sollten in den Gemeinden dazu führen, daß der Lebensstil der Christen diesem Ruf entspricht, so daß glaubhaft ist, daß die Gemeinde den Ruf ernst nimmt und in der Verheißung, aber auch der Anforderung des Jetzt lebt.

c) Der Reinkarnationsgedanke in der Steinerschen Prägung ist eine Übernahme des Evolutionsgedankens, wie er in der Naturwissenschaft seiner Zeit Gültigkeit besaß (Darwin, Haeckel) in die geistiggöttliche Welt hinein. Von der biblischen Botschaft her muß jedoch festgestellt werden: Wir Menschen kommen durch Entwicklung nicht näher zu Gott. Selbst wenn es viele Erdenleben gäbe, würde das letzte nicht näher oder ferner zu Gott sein als das erste. Der Gedanke einer allmählichen Entwicklung zu Gott hin ist dem biblischen Bereich fremd.

Dagegen gilt, daß Gott zu uns kommt und die Brücke zu uns baut – grundlegend in Jesus Christus und aktuell immer neu im Wirken seines Heiligen Geistes. Wir müssen nicht die Last vieler Leben mit uns schleppen, sondern Gott nimmt uns die Last dieses Lebens ab – und wir sind frei. Diese Erlösung, diese Befreiung darf immer wieder Inhalt christlichen Redens und Lebens sein.

d) Der Karma-Gedanke der Anthroposophie macht darauf aufmerksam, daß das Leben verantwortet werden muß. Er möchte zeigen, daß alles Geschehen gerecht ist, auch wenn es noch so schwer zu tragen ist. Und daß auch ein Leben, das so unabgeschlossen zu enden scheint, eine neue Lebenschance haben wird. Das altbekannte Tun-Ergehen-Schema, das die Gerechtigkeit der Weltordnung retten soll, wird in zukünftige Leben hinein verlängert.

Die Bibel verzichtet auf die Möglichkeit der Erklärung allen Leidens. Das wird vor allem deutlich im Buch Hiob, wo theologische, «fromme» Deutungen des Leids, von den Freunden Hiobs vorgebracht, zurückgewiesen werden. Wir müssen es hinnehmen und können – wenn wir es denn vermögen – glauben und hoffen, daß es seinen Sinn hat. Wir können zu Gott klagen, wie es die Beter der Psalmen taten. Wir können vom uns unbegreiflichen Wirken des «dunklen Gottes» (des verborgenen Gottes) reden. Aber wir müssen auf Erklärung verzichten. Wir sind eingeladen, das Angebot Jesu Christi anzunehmen, der unser Leid auf sich nimmt und überwindet. Und dann möglicherweise in einer viel späteren Lebensphase selber bemerken, wie dieses Leid unser Leben nicht nur negativ geprägt hat. Doch Reden zu Leidenden, Trauernden, kann nur seelsorgerliches, behutsames Reden sein.

5.3.5. Jahwe oder göttliche Vaterwelt?

Fragen stellen sich auch im Blick auf Steiners Reden von Gott. Die Auffassung, Jahwe sei lediglich jene Gottheit, die im Volk Israel den Auftrag hatte, das Kommen des Christus vorzubereiten, wird diesen Zeugnissen in mehrfacher Weise nicht gerecht:
– Jede Deutung der hebräischen Schriften der Bibel allein von Christus her stempelt den jüdischen Glauben bis heute zu einer überholten Religion und ist damit antijudaistisch.
– Die hebräischen Schriften der Bibel enthalten Zeugnisse über das Wirken Jahwes, der von dem Juden Jesus von Nazareth als Vater angerufen wurde. Jede Trennung des Vaters Christi vom Gott Israels widerspricht den Texten und dem darauf bauenden Glauben der Christenheit.
– Die Behauptung, daß Jahwe, der «Mondengott», seine Vollmacht allein von Christus, dem «Sonnengott» habe, so wie der Mond sein Licht von der Sonne erhält, sind ebenfalls den biblischen Texten nicht zu entnehmen und entstammen einzig der Steinerschen Schau in der «Akasha-Chronik».

Für die Kirchen besteht hier wiederum die Aufgabe, deutlich zu machen, was denn die Schriften des sog. Alten Testaments mit dem Neuen Testament verbindet. Falsche, aber z. T. auch in den Gemeinden verbreitete Entgegensetzungen (hier Zorn, dort Liebe, hier das Gericht, dort die Gnade, hier grausame Gerechtigkeit, dort vergebende Nächstenliebe, hier Verheißung, dort Erfüllung) stehen einem angemessenen Verständnis im Weg. Erst die Würdigung der hebräischen Schriften als eigenständige Zeugnisse vom Wirken Gottes für die Menschen und ein Lesen des Neuen Testaments von seiner Wurzel, dem Alten Testament her, eröffnet ein Verständnis für die Kontinuität zwischen Israel und der Christenheit und für das Neue der christlichen Botschaft.

Das Steinersche Gottesbild erweckt ferner Zweifel, wie ernst es ihm mit der Personalität Gottes ist. Es dominieren Kennzeichnungen Gottes als «göttliche Vaterwelt», «große Mutterloge der Menschheit» oder religionsgeschichtliche Namen wie «Ahura Mazdao». Das entscheidende Motiv biblisch-christlichen Gottesglaubens ist aber nicht, daß es einen (fernen) Gott **gibt,** sondern daß dieser Gott uns Menschen hilfreich begegnet und uns nahe ist wie ein Vater seinen Kindern. Die biblischen Schriften des AT und des NT sind Zeugnisse solcher Gottesbegegnungen. Daß dieser Gott «**für uns** da ist»[63], verbindet u. a. die beiden Teile unserer Bibel.

5.3.6. Von Jesus zu Christus oder Jesus Christus?

Besonders befremdend ist, was die Anthroposophie über Jesus Christus sagt. Mit den biblischen Jesus von Nazareth, der Christus wurde, und auch mit dem hymnischen Preisungen des Christus, wie wir sie in einigen Briefen (Phil 2, Kol 2) finden, hat die anthroposophische Christus-Wesenheit wenig gemeinsam. All die weitschweifigen Spekulationen über langfristige Vorbereitungen und Begegnungen des Menschen Jesus mit der Christus-Wesenheit, all die Behauptungen über die Mitwirkung von Buddha und Zarathustra, die historisch so haltlosen Behauptungen, Jesus sei in heidnische Kulte eingeführt worden (die Kontakte zu Heiden wurden von Juden gemieden, zu ihren Kulten in ganz besonderer Weise!) zeigen nur, wie weit sich Steiner von der konkreten Ursprungsgeschichte des christlichen Glaubens gelöst hat, und auch wie wenig ihm die konkrete geschichtliche Person Jesus von Nazareth bedeutet.

Andererseits macht Steiner deutlich, daß für ihn Christus als göttliche

Wesenheit nicht mit dem Menschen Jesus zu verrechnen ist. Die zahlreichen Jesusbücher der letzten Jahre, teils von kirchlichen Autoren, teils von Journalisten oder Romanautoren verfaßt, haben eins gemeinsam: Es kommt nur der Mensch in den Blick: Jesus als «Psychotherapeut», Jesus der Mann, Jesus der «erste neue Mann», «Jesus für Atheisten»[64] – sie alle sehen Jesus, den Bruder, der mit uns Heutigen auf einer Stufe steht. Das sind auch biblische Aussagen. Schließlich macht die Bibel ernst mit dem Satz, daß der «Logos», also das «Wort Gottes» «Fleisch geworden» ist (vgl. Joh 1,14) – ganz Mensch geworden ist, ohne wenn und aber, von der Geburt bis zum Tod am Kreuz. Aber – es ist eben das Wort **Gottes,** das Mensch geworden ist, das herabgestiegen ist auf die Erde und gekommen ist, die ganze Schöpfung zu erlösen – nicht nur die Menschen (Kol 1,20). Dieser «kosmische Christus» ist in der evangelischen Kirche kaum noch besungen und verkündet worden[65]. Hier mahnt die Begegnung mit der Anthroposophie, diese Seite des biblischen Christus-Bildes nicht zu vergessen und sie nicht anderen zur Ausdeutung zu überlassen.

5.3.7. Das Werk Jesu Christi – Erlösung oder Impuls?

Ein weiterer wesentlicher Differenzpunkt muß genannt werden: Nach den Aussagen des Neuen Testaments ist Jesus Christus gekommen, gestorben und auferstanden zur Versöhnung der sündigen Menschen mit Gott. Dazu vergibt Jesus die Schuld – von einem Augenblick zum andern. Er ermöglicht einen neuen Anfang, unbelastet vom Alten. Theologisch gesprochen ereignet sich die Rechtfertigung des Sünders. Die Karma-Lehre nimmt diese Mitte des Evangeliums nicht auf. Sie kann es nicht, weil sie einen langen Entwicklungsweg voraussetzt, der zwar von Christus unterstützt wird, der aber vom Menschen letztlich selbst gegangen werden muß. Die Gemeinden sollten diese befreiende Kraft des Evangeliums immer neu kenntlich machen und inmitten einer angstgebundenen und leistungsorientierten Umwelt fröhlich und kräftig artikulieren.

5.3.8. Bibel und Akasha-Chronik?

Hier muß noch einmal auf das Nebeneinander der beiden Quellen Bibel und Akasha-Chronik eingegangen werden. Nach christlichem Glauben bedarf die Bibel keiner Ergänzung, wohl aber der Auslegung, der Aktualisierung und der Hineinnahme in das tägliche Leben, damit

Glaubenserfahrungen möglich werden. Die Kirche hat sich mit Recht immer dagegen verwahrt, daß eine unbefragbare Instanz sich zwischen die Ursprungszeugnisse und die jeweilige Gegenwart setzte. Wo dies versucht wurde, hatte es keinen Bestand oder führte zur Bildung einer Sondergemeinschaft («Sekte»). Die Akasha-Chronik als Auslegungshilfe, Ergänzung oder Korrektur der biblischen Texte kann nicht von allen eingesehen, diskutiert und evtl. korrigiert werden. Allein schon dieses Moment spricht gegen eine Bibelauslegung von dieser esoterischen Quelle her. Die Schwierigkeit, eine kritische Norm zur Beurteilung solcher «esoterischer Wahrheiten» zu finden, kommt hinzu. Das Nebeneinander zweier grundverschiedener Evangelien, die sich angeblich aus der gleichen «Akasha-Chronik» herleiten, zeigt das in aller Deutlichkeit.

Die Kirchen und Gemeinden müssen aber immer wieder deutlich machen, wie die unterschiedlichen Wege und Zugänge zur Bibel miteinander ins Gespräch gebracht werden können, damit die ganze Lebenswirklichkeit einen Dialog mit den alten Zeugnissen führen kann[66]. Sachgemäße kritische Norm ist dabei Jesus Christus selbst, das eine Wort Gottes, das in diesen Zeugnissen ausgesagt wird.

5.4. Die Herausforderung durch die Praxis

Ihre eigentliche Stoßkraft erhält die Anthroposophie durch die lebenspraktische Herausforderung an die Gesellschaft, aber auch besonders an die Kirchen. Mutig versucht sie, aufgrund ihrer Weltanschauung praktisch zu wirken. Die Praxis der Pädagogik, der Medizin, der Pharmakologie, des Landbaus und vieler künstlerischer Zweige zeigt den ungebrochenen Optimismus dieser Bewegung, für die Menschheit hilfreich wirken zu können. Nicht in Anpassung an bestehende gesellschaftliche Konventionen, sondern im konsequenten Ausbau eigener Ansätze. Dabei gilt: eine gelungene Lebensform ist zugleich die beste Werbung für die dahinterstehenden Anschauungen.

Die Waldorfkindergärten und -schulen machen neugierig auf das Menschenbild. Die Demeter-Produkte nötigen Respekt ab in einer Zeit, in der industriell gefertigte Lebensmittel den größten Marktanteil haben. Die Architektur – man mag sie mögen oder nicht – zeigt den Willen zur eigenständigen Gestaltung inmitten öder Betonbauten. Und die Medizin mit den eigenen Heilmethoden, mit sanften Pharmaka und einer betonten Zuwendung zum Patienten weckt Vertrauen.

Hier zeigt sich, daß die Anthroposophie eine Weltanschauung ist, die von ihren Grundlagen her die Welt gestalten will. Dies gilt, auch wenn im Konkreten viel Kritisches zur Praxis zu sagen ist.

Und die Kirchen? Gewiß, es gibt kirchliche Kindergärten und Schulen, Krankenhäuser und Altersheime und eine große Zahl diakonischer Einrichtungen für Menschen, die allein nicht leben können. Und dort wird viel engagierte und gute Arbeit geleistet. Aber all das wird in der Öffentlichkeit kaum noch mit der Kirche in Verbindung gebracht. Und in der Tat: viele dieser Einrichtungen gleichen säkularen, von kommunalen Trägern geführten Einrichtungen so sehr, daß ein besonderer «christlicher» Charakter nicht spürbar ist.

Da werden Chancen vertan. Die Gemeinden sind in der derzeitigen kritischen Situation herausgefordert, die Welt, in der sie leben, von ihrem Glauben her mitzugestalten. Ganz konkret, in kleineren oder auch größeren Schritten, aber dies nicht zu tun in Angleichung an die Gesellschaft (und nicht nur im Blick auf möglichst hohe staatliche Deckung der Kosten), sondern von ihrem ureigenen Auftrag her.

Auf dem Feld der Lebensgestaltung wird letztendlich entschieden, ob die Herausforderung durch die Anthroposophie und durch all die anderen neuen und alten Religions- und Weltanschauungsgemeinschaften, die derzeit bei uns leben und wirken, bestanden wird. In kirchlichen Kreisen werden Überlegungen angestellt, sich noch stärker aus diesen Arbeitsfeldern zurückzuziehen, weil sie trotz staatlicher Zuschüsse mit hohen Kosten verbunden ist. Vor solchem Rückzug muß gewarnt werden, es wäre der falsche Weg, ein Weg der Resignation.

Die hier beschriebenen Herausforderungen sind nicht mißzuverstehen als neue Zwänge und neue Belastungen, die auf kirchliche Mitarbeiter und Mitarbeiterinnen – und hier vor allem auf Gemeindepfarrer und -pfarrerinnen – gewälzt werden sollen. Im Gegenteil. Es ist ein Plädoyer, im kirchlichen Alltag mit Zuversicht und Freude zur eigenen Sache zurückzukehren. Das Evangelium als **frohe** Botschaft zu leben und zu verkünden und Gott in sonntäglichem und alltäglichem Gottesdienst zu loben. So sollte also allem griesgrämlichen kirchlichen Gehabe eine deutliche Absage erteilt und der Zuversicht Ausdruck verliehen werden, daß der Herr der Kirche auch heute und auch in Zukunft Menschen durch sein Wort zu sich ruft. Und daß über dieses Wort hinaus weder neue Offenbarungen noch andere Heilswege erforderlich oder auch nur sinnvoll sind.

6. Was tun bei Konflikten?

Konflikte mit der Anthroposophie treten vor allem aus zwei Gründen auf:

1. Aufgrund der in sich sehr geschlossenen Weltanschauung mit ihren vielen Ausführungen zu religiösen Fragen kommt es bei Menschen, die sich auf sie einlassen, nicht selten zu Spannungen mit der christlichen Glaubensweise evangelischer oder katholischer Prägung. Zwar verspricht Steiner immer wieder, jeder könne bei seiner Religion bleiben, doch die Realität sieht oft anders aus: Die Unterschiede werden spürbarer, je intensiver die Beschäftigung mit dem christlichen Glauben einerseits und der Anthroposophie andererseits ist.

2. Der zweite Konfliktfall betrifft Erfahrungen mit den praktischen Einrichtungen. Diese Konflikte sind wesentlich häufiger, als die anthroposophische Öffentlichkeitsarbeit vermuten läßt. Besonders betroffen sind davon:

- Eltern und Schüler, die an der Starrheit der Pädagogik scheitern (die Lehrer wissen aufgrund Steiners «Menschenkunde» immer schon, was gut ist für die Schüler)[67];
- Eltern von Behinderten, die die Arbeit in den anthroposophischen Einrichtungen intensiver befragen, als es den Verantwortlichen lieb ist[68];
- Mitarbeiterinnen und Mitarbeiter in anthroposophischen Einrichtungen, die durch die Forderung, «ganz» für anvertraute Menschen bzw. übertragene Aufgaben zur Verfügung zu stehen, einem untragbaren Druck ausgesetzt sind.
- Menschen, die voller Idealismus auf die anthroposophischen Einrichtungen zugegangen sind, sich dort engagiert haben, und plötzlich feststellen müssen, wie starr die weltanschaulichen Bindungen sind, wie wenig verändert, bewegt werden kann.

Für solche Menschen sind Informationen über die Weltanschauung und ihre Einrichtungen von Nöten. Auch kirchliche Mitarbeiter und Mitarbeiter diakonischer Einrichtungen müssen sich kundig machen über die Chancen und über die Grenzen anthroposophischer Einrichtungen, über ihre flexible und freundliche Außenansicht und über ihre oftmals doktrinäre Innensicht.

In der letzten Zeit scheint eine Diskussion um eine Neufassung des Verhältnisses der pädagogischen, medizinischen und sozialen Einrichtungen zur Anthroposophie zu beginnen. Es wäre wünschenswert, wenn sie nicht nur im internen Kreis geführt würde, sondern öffentlich. Eine solche Entwicklung könnte dazu führen, daß nicht mehr nur ein anthroposophisches Propagandabild an die Öffentlichkeit gelangt, das der Realität nicht standhalten kann, das aber derzeit noch aggressiv gegen Kritik von «Außenstehenden» abgeschottet wird[69].

In Konfliktfällen und beim Wunsch seelsorgerlicher Begleitung (der, wie der Verfasser in den letzten Jahren erlebt hat, häufiger ist, als die Vertreter der Anthroposophie wahrhaben wollen), ist dringend zu empfehlen, sich an die Weltanschauungsbeauftragten der eigenen Kirche oder an die «Evangelische Zentrale für Weltanschauungsfragen» zu wenden.

7. Adressen

7.1. Zentrale anthroposophische Einrichtungen

Allgemeine Anthroposophische Gesellschaft in Deutschland, Zur Uhlandshöhe 10, 70188 Stuttgart.
Bund Freier Waldorfschulen, Heidehof 32, 70184 Stuttgart.
Die Christengemeinschaft, Haußmannstr. 40, 70188 Stuttgart.

7.2. Adressen zur Beratung in Konfliktfällen
Stand 8/94 (Auswahl: Th. Gandow)

Deutschland evangelische Landeskirchen:
In den evangelischen Landeskirchen in Deutschland gibt es – bis in die einzelnen Sprengel und Regionen – erfahrene Fachleute für Beratung, Information und Seelsorge. Die meisten evangelischen Landeskirchen haben darüberhinaus besondere Sekten- beziehungsweise Weltanschauungsbeauftragte ernannt. Sie sind in der folgenden Liste besonders gekennzeichnet:

Anhalt: Pfr. i. R. Dr. Karl-Wilhelm Berenbruch, Beauftragter der Ev. Landeskirche Anhalts, Allee 23, D-06493 Ballenstedt/Harz
Baden: Pfr. Dr. Nüchtern, Akademiedirektor für Sekten- und Weltanschauungsfragen der Ev. Landeskirche in Baden, Postfach 2269, D-76010 Karlsruhe
.– Pfr. Klaus-Martin Bender, Fon/Fax: 07261/1 69 61, Mittelstr. 16, D-74889 Sinsheim-Adersbach
Bayern: Pfr. Dr. Wolfgang Behnk, Beauftragter für Sekten- und Weltanschauungsfragen der Ev.-Luth. Kirche in Bayern, Fon: 089/ 5 59 80-4 44; Fax: 089/5 59 80-4 43, Marsstr. 22, D-80335 München
– Pfr. Bernhard Wolf, Beauftragter der Ev.-Luth. Kirche in Bayern für religiöse und geistige Strömungen, Fon: 0911/67 85 78, Fax: 0911/68 56 82, Neuendettelsauer Str. 4/II, D-90449 Nürnberg
Berlin-Brandenburg: Pfr. Thomas Gandow, Provinzialpfarrer für Sekten- und Weltanschauungsfragen der Ev. Kirche in Berlin-

Brandenburg, Fon: 030/815 70 40, Fax: 030/815 47 96, Heimat 27, D-14165 Berlin-Zehlendorf

Bremen: Pastor Helmut Langel, Fon: 0421/23 19 91, Heymelstr. 35, D-28359 Bremen

Frankfurt am Main: Kurt-Helmuth Eimuth, Dipl. Päd., Beauftragter des Ev. Regionalverbandes Frankfurt am Main für Religions- und Weltanschauungsfragen, Fon: 069/28 55 02, Fax: 069/29 62 60, Saalgasse 15, D-60311 Frankfurt am Main

Görlitzer Kirchengebiet: siehe *Schlesische Oberlausitz*

Hamburg: Pastorin Dr. Gabriele Lademann-Priemer, Beauftragte der Nordelbischen Ev.-Luth. Kirche, Sprengel Hamburg, für Weltanschauungsfragen, Fon: 040/32 78 48, Fax: 040/33 71 74, Kreuslerstr. 6, D-20095 Hamburg

– Pastor Jörn Möller, Beauftragter für Jugendseelsorge (Jugendreligionen und weltanschauliche Strömungen) im Nordelbischen Jugendpfarramt Sprengel Hamburg, Fon: 040/251 82 07, Fax: 040/250 02 85, Hirschgraben 25, D-22089 Hamburg

– Pastor Dr. Dietrich Hellmund, Fon: 040/647 30 84 und 677 60 83, Wolliner Str. 98, D-22143 Hamburg

– siehe auch *Nordelbien*

Hannover: Pfr. Wilhelm Knackstedt, Beauftragter für Weltanschauungsfragen der Hannoverschen Landeskirche, Fon: 0511/124 14 14, Fax: 0511/124 14 99, Postfach, D-30002 Hannover

Hessen und Nassau: Pfr. Bodo Leinberger, Beauftragter der Ev. Kirche in Hessen und Nassau, Wilhelm-Leuschner-Str. 15, Fon: 06041/18 43 und 06151/40 54 47, D-63654 Büdingen

– Pfr. D. Mertens, Pragelatostr. 112, D-64372 Ober-Ramstadt/Rohrbach, Fon: 06154/25 79

– siehe auch *Frankfurt*

Kirchenprovinz Sachsen: Pfr. Dr. Andreas Fincke, Beauftragter für Sekten- und Weltanschauungsfragen der Ev. Kirche der Kirchenprovinz Sachsen, zu erreichen über: Ev. Konsistorium, Fon: 0391/3 18 81, Am Dom 2, D-39104 Magdeburg

Kurhessen-Waldeck: Pfr. Eduard Trenkel, Beauftragter der Ev. Kirche von Kurhessen-Waldeck für Sekten-, Weltanschauungs- und Islamfragen, Wilhelmshöher Allee 330, Fon: 0561/93 78-2 43, Fax: 0561/93 78-4 24, D-34131 Kassel

Lippe: Pfr. Klaus Fitzner, Beauftragter der Lippischen Landeskirche, Paulsenstr. 7, Fon/Fax: 05235/73 08, D-32825 Blomberg-Lippe

Mecklenburg: Landespastor Dr. Matthias Kleiminger, Hansenstr. 5, Fon/Fax: 03843/6 39 64, D-18273 Güstrow

Nordelbien: Pastor Detlef Bendrath, Beauftragter der Nordelbischen Ev.-Luth. Kirche für Sekten- und Weltanschauungsfragen, Brahmsstr. 20f, Fon: 0451/4 22 15 und 0451/4 47 86 (auch Fax), D-23556 Lübeck

Niedersachsen: siehe *Hannover*

Nordwestdeutschland: Pastor Johannes Göhler, Beauftragter für Sekten- und Weltanschauungsfragen der Ev.-reformierten Kirche in Nordwestdeutschland, Neue Str. 21, Fon/Fax: 04708/2 42, D-27624 Ringstedt

Oldenburg: Pfr. Rainer Schumann, Beauftragter der Ev.-Luth. Kirche in Oldenburg für Sekten- und Weltanschauungsfragen, Wilhelmstr. 27, Fon: 0441/1 62 37 und 2 68 54, Fax 0441/2 51 78, D-26121 Oldenburg

Pfalz: Pfr. Dr. W. Sonn, Beauftragter der Ev. Kirche der Pfalz – Protestantische Landeskirche, Josefstaler Str. 7, Fon: 06894/ 3 57 67, D-66386 St. Ingbert

Pommern: Superintendent Reinhold Garbe, Beauftragter der Ev. Landeskirche Pommerns, Wolgaster Str. 6, D-17509 Wusterhusen, Fon: 038354/2 21 10

Rheinland: Pastor Joachim Keden, Beauftragter der Ev. Kirche im Rheinland, Rochusstr. 44, Fon: 0211/361 02 46, Fax: 0211/ 361 04 22, D-40479 Düsseldorf

Sachsen: Pfr. Ekkehart Zieglschmid, Sektenbeauftragter der Ev.-Luth. Landeskirche Sachsens, An der Heilandkirche 1, Fon: 0351/ 43 64 50, D-01157 Dresden

– Pfarrerin I. Dietrich, Beauftragte der Ephorie Leipzig West der Ev.-Luth. Landeskirche Sachsens, Giordano-Bruno-Str. 1, Fon: 0341/ 479 11 68, D-04249 Leipzig

Schaumburg-Lippe: Landeskirchenamt der Ev.-Luth. Landeskirche Schaumburg-Lippe, Herderstr. 27, Fon/Fax: 05722/2 50 21, D-31675 Bückeburg

Schlesische Oberlausitz (Görlitzer Kirchengebiet): Pfr. Jörg Michel, Ev. Kirche der schlesischen Oberlausitz, Martin-Luther-King-Haus, Postfach 2339, Fon: 03571/7 20 73 und 41 42 27, Fax: 03571/ 84 31 und 41 42 27, D-02977 Hoyerswerda

Thüringen: Kirchenrat Dr. Friedrich Büchner, Beauftragter für Sekten- und Weltanschauungsfragen der Ev.-Luth. Kirche in Thüringen, Karolinenstr. 8, D-99817 Eisenach, Fon: 03691/7 66 49

Westfalen: Pfr. Dr. Rüdiger Hauth, Beauftragter der Ev. Kirche von Westfalen für Sekten- und Weltanschauungsfragen, Röhrchenstr. 10, D-58452 Witten 1, Fon: 02302/9 10 10-0, Fax: 02302/9 10 10-10

Württemberg: Pfr. Klaus Sturm, Beauftragter der Ev. Kirche Württembergs, Fon: 0711/20 68-2 36/2 37, Fax: 0711/226 29 46

Deutschland – Freikirchen:

Selbständige Ev.-Luth. Kirche (SELK): Pastor Hinrich Brandt, Kirchlicher Beauftragter, Lange Str. 84, D-31552 Rodenberg, Fon: 05723/35 79

Ev.-Reformierte Kirche in Bayern: Pfr. Norbert Müller, Kirchlicher Beauftragter, Kurt-Eisner-Str. 50, D-81735 München, Fon: 089/ 67 42 63

Österreich – evangelisch:

Der Sektenbeauftragte der Evang. Kirche A. B. und H. B. in Österreich, Pfr. Magister Johannes Spitzer, Italienerstr. 38, A-9500 Villach, Fon: 0043 4242/24 13-1 22, Fax 0043 42 42/24 13-1 31

Burgenland: Pfr. Martin Schlor, A-7423 Pinkafeld, Kirchengasse 9, Fon: 0043 3357/22 45

Kärnten: Sektenberatungsstelle der Ev. Kirche in Kärnten, Pfr. Mag. Theol. Johannes Spitzer, Italienerstr. 38, A-9500 Villach, Fon: 0043 42 42/24 13-1 22, Fax: 0043 42 42/241 31 31

Niederösterreich: Pfr. Karl-Jürgen Romanowski, A-3160 Traisen, Albert-Schweitzer-Gasse 7

Oberösterreich: Pfr. Bernhard Petersen, Bahnhofstraße 9, A-4600 Wels, Fon: 0043 72 42/5 20 46 und 4 75 84

Salzburg/Tirol: Pfr. Willi Thaler, A-6370 Kitzbühel, Ölberg 6, Fon: 0043 5356/44 04

Steiermark: Pfr. Herwig Hohenberger, A-8010 Graz, Kaiser-Joseph-Platz 9, Fon: 0043 316/81 10 25, Fax: 0043 316/31 44 76

Wien: Pfr. Mag. Sepp Lagger, Thaliastr. 156, A-1160 Wien, Fon: 0043 222/46 52 97

Schweiz – evangelisch:

Ev. Orientierungsstelle, Pfr. Dr. Georg Schmid, Im Baumgarten 24, CH-8606 Greifensee, Fon: 0041 1/940 19 73 und 940 98 77, Fax: 0041 1/940 67 43

Dänemark – evangelisch:
Prof. Johannes Aagaard, Dialogcenter, Katrinebjergvej 46, DK-8200 Aarhus, Fon 0045 86/10 50 01, Fax 0045 86/10 54 16

Estland – evangelisch:
Diakon Jaan Leppik (Beauftragter der Estnischen Ev.-Luth. Kirche), Kirche der St. Maria, Kiriku Plas, EE-0001 Tallin

Tschechische Republik – evangelisch:
Pfr. Daniel Matejka, Tr. 28, Rijna 28, CR-37001 Ceske Budejovice, Fon: 0042 38/2 33 59

Deutschland – kath. Diözesen und bischöfl. Ämter:
Aachen: Dr. Hermann-Josef Beckers, Klosterplatz 7, D-52062 Aachen, Fon: 0241/45 24 19/3 74
Augsburg: Dipl.Theol. Hubert Kohle, Beratungsstelle für Religions- und Weltanschauungsfragen der Diözese, Postfach 10 10 09, D-86009 Augsburg, Fon: 0821/31 52-2 74, Fax: 0821/31 52-2 63
Bamberg: StD. Matthias Rehrl, Artur-Landgraf-Str. 33, D-96049 Bamberg, Fon: 0951/5 44 50
Berlin: Pater Klaus Funke OP, Dominikanerkloster St. Paulus, Oldenburger Str. 46, D-10551 Berlin-Moabit, Fon: 030/395 70 97/8, Fax 030/396 21 77
Dresden-Meißen: Kaplan Gerald Kluge, Pfarrei St. Kunigunde, Dr. Wilhelm-Külz-Str. 4, D-01796 Pirna, Fon: 03501/33 25
Erfurt-Meiningen: Kaplan Michael Neudert, Kath. Pfarramt, Alexanderstr. 45, D-99817 Eisenach, Fon: 03691/38 80
Eichstätt: Dipl.Theol. Ludwig Lanzhammer, Obstmarkt 28, D-90403 Nürnberg, Fon: 0911/20 43 37, Fax: 0911/22 49 89
Essen: Dipl.Theol. Klaus Gerhards, Postfach 14 28, D-45004 Essen, Fon: 0201/22 04-2 80
Freiburg: Dipl.Theol. Albert Lampe, Rektorat Sekten-Weltanschauungsfragen, Okenstr. 15, D-79108 Freiburg/Brsg., Fon: 0761/51 44-1 36, Fax: 0761/51 44-2 55
Fulda: Pfr. Ferdinand Rauch, Beauftragter für Sekten- und Weltanschauungsfragen, D-36041 Fulda, Fon: 0661/83-9 80, Fax: 0661/83 98-1 36
Hildesheim: Dipl.Päd. Martin Hiltermann, Referat Sekten und Weltanschauungen, Bischöfl. Generalvikariat, Domhof 18–21, D-31134 Hildesheim, Fon: 05121/3 07-3 23/3 24, Fax: 05121/3 07-4 88

Köln: Dipl.Theol. Werner Höbsch, Marzellenstr. 32, D-50668 Köln, Fon: 0221/16 42-3 13

Limburg: Referat für Weltanschauungsfragen, Dipl.Theol. Lutz Lehmhöfer, Eschenheimer Anlage 21, D-60318 Frankfurt/Main, Fon: 069/15 01-1 49, Fax: 069/597 55 03

Magdeburg: Rosel Förster, Seelsorgeamt, Max-Josef-Metzger-Str. 1, D-39104 Magdeburg, Fon: 0391/38 00

Mainz: Dipl.Theol. Eckhard Türk, Grebenstr. 24–26, D-55116 Mainz, Fon: 06131/25 32 84

München-Freising: Dipl.Theol. Hans Liebl, Dachauerstr. 5–V, D-80335 München, Fon: 089/21 37-4 17/8

Münster: Seelsorgereferat, Rosenstr. 16, D-48143 Münster, Fon: 0251/4 95-4 74

Osnabrück: Franz-Josef Tenambergen, Domhof 12, D-49074 Osnabrück, Fon: 0541/3 18-2 40, Fax: 0541/3 18-1 17

Paderborn: StR i. K. Roland Gottwald, Erzbischöfl. Generalvikariat, Domplatz 3, D-33098 Paderborn, Fon: 05251/12 54 86, Fax: 05251/12 54 70

Passau: Dipl.Theol. Martin Goeth, Innbrückgasse 13 a, D-94032 Passau, Fon: 0851/39 33 66, Fax: 0851/39 32 64

Regensburg: Dipl.Theol. Hans Rückerl, Roritzerstr. 12, D-93047 Regensburg, Fon: 0941/56 81-2 63, Fax: 0941/5 61-4 10

Rottenburg-Stuttgart: Dipl.Päd. Susanne Beul, Referat Religions- und Weltanschauungsfragen des BO, Postfach 9, D-72101 Rottenburg, Fon: 07472/16 95 86, Fax: 07472/16 96 09

Schwerin: Kaplan Michael Sobania, Schloßstr. 20, D-19053 Schwerin, Fon/Fax: 0385/86 44 63

Speyer: Dipl.Theol. Christoph Bussen, Domplatz 3, D-67346 Speyer, Fon: 06232/10 22 18, Fax: 06232/10 24 03

Trier: Hans Neusius, Referat für Weltanschauungs- und Sektenfragen, Hinter dem Dom 6, D-54290 Trier, Fon: 0651/71 05-5 26, Fax: 0651/71 05-5 11

Würzburg: AG Das Große Zeichen – Die Frau aller Völker, Franz Graf von Magnis, Postfach 11 03 41, D-97030 Würzburg, Fon: 0931/5 66 10

Österreich – katholisch:

Wien: Dr. Friederike Valentin, Stefansplatz 6/46, A-1010 Wien, Fon: 0043 222/5 15 52-3 67, Fax: 0043 222/5 15 52-3 66

Orthodoxe Kirchen:
Griechenland: Erzpriester Dr.theol. Dr.phil. Antonius Alevisopoulos, GR-15342 Aghia Paraskevi, Postbox 60120, Fon: 0030 1/639 04 36, Fax 0030 1/639 04 36 und 639 66 65. (Über Erzpriester Dr. Dr. Alevisopoulos, der perfekt deutsch spricht, auch Kontakt zu den Mitgliedern der Panorthodoxen Konsultation Kirchlicher Sektenbeauftragter im Gebiet aller übrigen orthodoxen Kirchen.)
Rumänien: Priester Stelian Tofana, Beauftragter der Rumänisch Orthodoxen Kirche, RO-3400 Cluj Napoca, Str. Govora Nr. 19, Fon: 0040 095/16 13 90, Fax: 0040 095/11 17 37

WEITERE INSTITUTIONEN UND ANLAUFSTELLEN
Deutschland:

* «Arbeitskreis Religiöse Gemeinschaften» der VELKD, c/o VELKD D-Kirchenamt, Terassenstraße, D-14129 Berlin-Schlachtensee, Fon: 030/801 80 01, Fax: 030/802 61 87; Der Arbeitskreis hat das – vor allem für kirchliche Mitarbeiter wichtige – «Handbuch Religiöse Gemeinschaften» erarbeitet, das 1993 in 4. Auflage im Gütersloher Verlagshaus Gerd Mohn erscheint (3. Auflage 1985).

* Für die Beratung in Fagen der Sekten und Jugendreligionen gibt es die «Ev. Zentralstelle für Weltanschauungsfragen» (EZW). Die «EZW» ist eine Einrichtung der EKD und bietet kostenloses Informationsmaterial (z. B. Faltblätter) und Vorträge zu Sekten und Jugendreligionen auch für Schulen. Hölderlinplatz 2 A, D-70193 Stuttgart, Fon: 0711/226 22 81/2, Fax: 0711/226 13 31 und Außenstelle Berlin, D-10117 Berlin, Auguststr. 80, Fon: 030/288 61 60, Fax: 030/288 61 50

* Arbeitsgemeinschaft für Religions- und Weltanschauungsfragen, Postfach 50 01 07, D-80971 München-Moosach, Fax: 089/641 41 52 bietet Literatur zu Religions- und Weltanschauungsfragen.

* Archiv für Religions- und Weltanschauungsfragen, Heimat 27, D-14165 Berlin-Zehlendorf, Fon: 030/815 70 40, Fax 030/815 47 96 sammelt Informationen von ehemaligen Mitgliedern esoterischer, theosophisch-anthroposophischer und okkulter Gruppen, auch aus Nachlässen.

* Kritiker und Betroffene der Waldorfpädagogik haben sich im *Distelbund* zusammengeschlossen. Vorsitzender ist H. Biller, Vellwigstr. 43, D-44628 Herne.

International:

* *Dänemark:* Dialog Center International, Katrinebjergvej 46, DK-8200 Aaarhus N, Fon: 0045 86/10 50 01, Fax 0045 86/10 54 16
* *USA:*
  - Institute of Contemporary Christianity, Executive Director: James Bjornstad, P.O.Box A, Oakland, NJ 07436
  - Spiritual Counterfeits Project, 2606 Dwight Way, P.O.Box 4308, Berkeley CA 94704, Fon: 001(415) 540 03 00.

8. Anmerkungen

1 Eine umfassendere Darstellung des Autors liegt vor in dem Buch «Anthroposophie – Eine kritische Darstellung», Konstanz 1985 (4. Aufl. 1990)

2 Dazu siehe unten vor allem die Ausführungen zur Welt- und Menschenentwicklung sowie zur Akasha-Chronik.

3 Artikel «Theosophie», Magazin für Litteratur, Sp 1066

4 Zum O.T.O. vgl. F. W. Haack, Anmerkungen zum Satanismus, München 1991, S. 65–125.

5 Der O.T.O., dessen Vertreter Theodor Reuß war, kam in den folgenden Jahren aufgrund seiner sexuellen Praktiken in Verruf. Die Eigentümlichkeiten Steiners, sich zu verpflichten und gleichzeitig loszusagen, wurden von mir bereits in meinem Buch «Anthroposophie» zitiert, doch in Entgegnungen nie behandelt. Ich vermute, daß Anthroposophen heute ihre Probleme haben mit diesen (Um-)Wegen Steiners. Vgl. Bruno Peters, Die Geschichte der Freimaurerei im Deutschen Reich 1870–1933, Berlin o. J., S. 148–150.

6 Allerdings ist in diesen Büchern (Ausnahme: Theosophie) die Bezeichnung «Theosophie» und «theosophisch» gegen «Anthroposophie» und «anthroposophisch» ausgetauscht worden.

7 So der Titel von Steiners Schrift 1919. Im gleichen Jahr entsteht «Die Kernpunkte der sozialen Frage».

8 Vgl. dazu den Abschnitt 4.2., unten S. 63 ff.

9 Diese liturgischen Texte sind bis heute nicht veröffentlicht. Vgl. dazu die Ausführungen im Abschnitt 4.3.!

10 Zum Personenkult um Steiner finden sich zahlreiche Belege bei Jan Badewien, Anthroposophie, 1985, S. 178–190.

11 Vgl. dazu auch Steiners Ausführungen «Es wäre Verleumdung, wenn man die Sache so darstellte, als ob Anthroposophie irgendeine Sekte stiften oder eine neue Religion begründen wollte. Anthroposophie kann, indem sie auf den Grundlagen der Erkenntnis steht, ... nichts Sektiererisches an sich haben oder wollen, sie kann auch keine neue Religion stiften» (Das Wesen der Anthroposophie, S. 35).

12 Anthroposophie will «die naturwissenschaftliche Forschungsart und Forschungsgesinnung, die auf ihrem Gebiete sich an den Zusammenhang und den Verlauf der sinnlichen Tatsachen hält, von dieser besonderen Anwendung loslösen, aber sie in ihrer denkerischen und sonstigen Eigenart festhalten. Sie will über Nichtsinnliches in derselben Art sprechen wie die Naturwissenschaft über Sinnliches» (so Steiner in «Die Geheimwissenschaft im Umbruch», S. 29). Geisteswissenschaft ist also eine Fortsetzung der Naturwissenschaft in den geistigen Bereich hinein – eine Fortsetzung des damaligen positivistischen Wissenschaftsverständnisses. Darum wird Steiner immer wieder von «geistigen Gesetzen» sprechen (s.u.).

13 Im Blick auf die Erkenntnislehre kann hier allein der «übersinnliche», fortgeschrittene Weg beschrieben werden, der auch das typisch Anthroposophische darstellt. Sehr detaillierte Untersuchungen zum Erkenntnisweise Steiners vor und nach seiner Wende zur Theo-/Anthroposophie finden sich bei Wolfgang Schneider, Das Menschenbild der Waldorfpädagogik, S. 39–118. Dabei bestätigt Schneider ausdrücklich meine kritische Darstellung in meinem Buch «Anthroposophie», 1985, die auch dem Folgenden zugrunde liegt (so u. a. S. 26).

14 Steiner setzt sich in diesem Zusammenhang mit dem Vorwurf auseinander, hier sei «blinder Glaube» gefordert. Man soll solche «Erkenntnisse» denken: «nicht glauben sollst du, was ich dir sage, sondern es denken, es zum Inhalte deiner eigenen Gedankenwelt machen, dann werden meine Gedanken schon selbst in dir bewirken, daß du sie in ihrer Wahrheit erkennst. Dies ist die Gesinnung des Geistesforschers. Er gibt die Anregung; die Kraft des Fürwahrhaltens entspringt aus dem eigenen Innern des Aufnehmenden» (Theosophie, S. 137).

15 Interessant ist in diesem Zusammenhang, daß der Theosoph Levy Dowland etwa zeitgleich mit Steiner ein Evangelium aus der Akasha-Chronik «erforscht» hat, das aber grundverschieden zu Steiners Ausführungen ist (dazu s.u. 3.9.).

16 In dieser Beobachtung sieht Steiner eine jener «Tatsachen», die ein Gesetz der Reinkarnation auch ohne Kenntnis von Einweihungswissen notwendig machen.

17 Steiner hat seine Thesen zur Erd- und Menschenentwicklung dargestellt in den Büchern «Aus der Akasha-Chronik» und «Die Geheimwissenschaft im Umriß», S. 137ff.

18 Es sei aber hinzugefügt, daß Steiner diese Namen der früheren und späteren Inkarnationen der Erde als Hilfsbegriffe einführt: sie sind nicht zu verwechseln mit Himmelskörpern, die jetzt diese Namen tragen.

19 So z. B. in «Bibel und Weisheit», S. 18

20 Dazu und zum Folgenden vgl. die tabellarische Zusammenfassung von Welt und Menschenentwicklung bei B. Grom, Anthroposophie, S. 193 f.

21 Die mit solchen Gedanken verbundene Problematik, die mögliche Entwicklung oder Legitimierung eines arischen Rassismus, der zu Beginn dieses Jahrhunderts an verschiedenen Stellen im deutschen Geistesleben aufkeimte, um später seine unheilvolle Macht auszuüben, wird im anthroposophischen Raum bislang tabuisiert. Eine Untersuchung zu diesem Thema ist dringend erforderlich.

22 Bernhard Grom, Anthroposophie und Christentum, weist m. E. zu Recht kritisch darauf hin, daß aufgrund der Steinerschen Akasha-Forschung noch keinerlei archäologische Entdeckungen gelungen seien, «obwohl es nach Steiner doch möglich sein soll, durch sie historische Ereignisse zuverlässiger zu beschreiben als aufgrund geschichtlicher Quellen» (S. 122). Im Gegenteil:

der (anthroposophische) Autor C. Wilson weist in seiner Biographie «Rudolf Steiner», München 1985, S. 129, darauf hin, daß archäologische Funde die Steinerschen Schauungen bzw. König Artus widerlegen.

23 Zum Folgenden findet sich Grundlegendes in «Die Geheimwissenschaft im Umriß», S. 80ff.

24 J. v. Grone, Über die Verbindung mit Toten, S. 26f.

25 Vgl. Barbara Denjean-von Stryk, Von den Zwergen, Erziehungskunst 1984, S. 113 (Rezension zu: Arbeitsmaterial aus den Waldorf-Kindergärten, Bd. 9: Zwerge – wie man sie sieht, wie man sie macht, wie man mit ihnen umgeht, hrsg. v. Johanna-Veronika Picht)
Die «eherne Notwendigkeit des Karma» (Wiederverkörperung, S. 197) und die Botschaft des Evangeliums, das uns Vergebung der Schuld allein durch die Gnade Gottes zuspricht, stehen im krassen Widerspruch zueinander. Das wird unten, Abschnitt 5.3.4., ausführlich dargestellt.

26 In dem Bekenntnis, das Steiner für die Christengemeinschaft formuliert, finden sich vorsichtig personale Züge: «Ein allmächtiges geistig-physisches Gotteswesen ist der Daseinsgrund der Himmel und der Erde, das väterlich seinen Geschöpfen vorangeht» (nach H.-D. Reimer/O. Eggenberger, ... neben den Kirchen, S. 353).

27 Dazu siehe unten den Abschnitt 3.9.: «Bibel und Akasha-Chronik».

28 So der Ausdruck von Stieglitz für Steiners Christus-Vorstellungen. Er hat sich in der Literatur weitgehend durchgesetzt.

29 Dies zeigt schon der Titel eines Vortragszyklus: Von Jesus zu Christus.

30 Vgl. dazu Das Matthäus-Evangelium, S. 37ff.

31 Diesen Begriff verwendet Steiner in dem von ihm formulierten Bekenntnis der Christengemeinschaft. Dort heißt es: «In Jesus trat der Christus als Mensch in die Erdenwelt. Jesu Geburt auf Erden ist eine Wirkung des Heiligen Geistes, der, um die Sündenkrankheiten an dem Leiblichen der Menschheit geistig zu heilen, den Sohn der Maria **zur Hülle des Christus** bereitete» (nach H.-D. Reimer/O. Eggenberger, ... neben den Kirchen, Konstanz 1980 (2. Aufl.), S. 353).

32 Dazu und zum Folgenden: Aus der Akasha-Forschung: Das Fünfte Evangelium.

33 Hätte Steiner recht, dann würde Matthäus in der Folge von dem anderen Jesus berichten als von dem, dessen Geburt er hymnisch gepriesen hat – entweder ohne es selbst zu wissen oder aber ohne seine Leser darüber zu informieren!

34 Im übrigen hat laut Steiner auch Maria eine Verwandlung erfahren: das «Unsterbliche der ursprünglichen Mutter des nathanischen Jesus» senkte sich auf die andere, noch lebende Maria herab, die die Mutter der Geschwister Jesu war, «und machte sie wieder jungfräulich» (Das Lukas-Evangelium, S. 112)!

35 Die Behauptung der Theosophen, Krishnamurti sei ein reinkarnierter Chri-

96

stus, hat zur Trennung Steiners von dieser Gesellschaft und zur Gründung der eigenen, nun **anthropo**sophischen Gesellschaft geführt, vgl. oben S. 15.

36 «Anthroposophie und die Zukunft des Christentums», S. 40.

37 In der historisch-kritischen Forschung gilt dagegen als Kriterium: die schwierigere Lesart eines Textes ist als ursprünglich anzusehen, spätere Überarbeitung glättet und harmonisiert!

38 Von diesem Ethos lebt bis heute auch die New-Age-Bewegung, die als die neue Ideologie des beginnenden Wassermannzeitalters die Religionen des Fische-Zeitalters ablösen möchte.

39 «So hatte die Ausbreitung des Christentums über die Erde hin nichts zu tun mit dem Verständnis, das man ihm entgegenbrachte» (Das Fünfte Evangelium, S. 21).

40 Vgl. Aus der Akasha-Chronik, S. 17.

41 Der Originaltitel lautete: «The Aquarian Gospel of Jesus the Christ». Die deutsche Übersetzung erschien 1980 in München (Hugendubel).

42 Die Kurse, Vorträge und sogar die Konferenzbeiträge Steiners sind im Rahmen der Gesamtausgabe seiner Werke herausgegeben worden (GA 293-311); die «Lehrplanhinweise» hat E. A. Karl Stockmeyer gesammelt und als Buch veröffentlicht: Rudolf Steiners Lehrplan für die Waldorfschulen, Stuttgart, 3. Aufl. 1976.

43 Der Versuch, mit Hilfe von Baden-Württembergs damaligem Minsiterpräsidenten Lothar Späth eine zweite Universität in Mannheim zu gründen, scheiterte aufgrund mangelnder Finanzen.

44 So ein häufig verwendeter Begriff in der pädagogischen Literatur der Waldorfschulen.

45 Selbst das Erlernen des Seiltanzens kann als Projektarbeit gelten und wird über Monate hinweg betreut!

46 Nach E. A. Karl Stockmeyer, Rudolf Steiners Lehrplan, S. 341 f.

47 Nach E. A. Karl Stockmeyer, Rudolf Steiners Lehrplan, S. 342.

48 Nach E. A. K. Stockmeyer, Rudolf Steiners Lehrplan, S. 343.

49 Klaus Prange, Erziehung zur Anthroposophie; Heiner Ullrich, Waldorfpädagogik und okkulte Weltanschauung; zur weltanschaulichen Bindung vgl. Jan Badewien, Waldorfpädagogik – eine christliche Erziehung?; Fritz Beckmannshagen, Rudolf Steiner und die Waldorfschulen; Wolfgang Schneider, Das Menschenbild der Waldorfpädagogik. Auch Franco Rest, Waldorfpädagogik, ist hier zu nennen, der die Waldorfpädagogen auffordert, den «Ballast ihres Gründers über Bord» zu werfen (S. 93).

50 Das Menschenbild der Waldorfpädagogik, S. 264.

51 Vgl. dazu unten S. 73 ff. und S. 83 ff.

52 Eine kritische Würdigung der anthroposophischen Medizin gibt Franz Stratmann: Charakteristika der anthroposophischen Medizin, in: Irmgard

Oepen (Hg.), Unkonventionelle medizinische Verfahren, Stuttgart-Jena-New York 1993, S. 68–95

53 Über die Entstehung der Christengemeinschaft ist bereits berichtet worden, vgl. oben S. 17. Näheres dazu in den im Literaturverzeichnis angegebenen Handbucharktikeln und bei J. Badewien, Anthroposophie, S. 162–177; dort auch Literatur. Die aktuelle Eigendarstellung stammt von Hans-Werner Schroeder, Die Christengemeinschaft. Entstehung, Entwicklung, Zielsetzung, Stuttgart 1990.

54 Gottfried Husemann, Rudolf Steiner und die Begründung der Christengemeinschaft, S. 160.

55 Evangelische Kirche und Christengemeinschaft. Bericht einer gemeinsamen Gesprächsgruppe, Materialdienst der EZW, 1993/9, Nr. 10, S. 267f. Zitiert wird im Folgenden mit der Nr. der Absätze und der Seite im Materialdienst.

56 Evangelische Kirche und Christengemeinschaft, Materialdienst der EZW 9/1993, S. 268.

57 Zitiert nach Hans-Diether Reimer/Oswald Eggenberger, ... neben den Kirchen, S. 353.

58 Die Gespräche von 1990 und 1993 waren nicht die ersten Kontakte zwischen diesen Partnern. Schon Ende der 40er Jahre wurden Gespräche zwischen der Christengemeinschaft und der Evangelischen Kirche geführt. In einem abschließenden Bericht hieß es damals:
    Wir vermögen nicht zu sehen, «daß die Anthroposophie ein offenbarungsgeschichtliches Faktum ist, wie die Christengemeinschaft behauptet, und daß mit der Anthroposophie Rudolf Steiners die Notwendigkeit, aber auch die Möglichkeit eines entscheidenden Neuanfangs innerhalb der christlichen Kirche gegeben sei. Die Überzeugung der Christengemeinschaft von der übersinnlichen Herkunft ihres Kultes entzieht diesen Kultus jedem kritischen Gespräch» (in H. Rusche, Kirche und Anthroposophie, S. 78). Eine Anerkennung der Christengemeinschaft als Freikirche wurde abgelehnt. Diese Einschätzung wurde in Gesprächen Ende der 60er Jahre wiederholt.

59 Evangelische Kirche und Christengemeinschaft. Bericht einer gemeinsamen Gesprächsgruppe, in: Materialdienst der Ev. Zentralstelle f. Weltanschauung, 9/1993, S. 266–275.

60 Ein Beispiel dafür ist Chr. Lindenbergs Buch «Waldorfschulen – angstfrei lernen, selbstbewußt handeln», Reinbek 1975 (seither viele Auflagen), in dem die Beziehung zur Anthroposophie nur marginal erwähnt wird.

61 S. o. S. 60.

62 Dazu vgl. Hermann Strack/Paul Billerbeck, Kommentar zum Neuen Testament aus Talmud und Midrasch, Bd. 2, München, 1956, S. 527–529 (zu Joh 9,2). Dort heißt es: «Für die rabbin. Gelehrten ist der Gedanke, daß ein Kind im Mutterleib sündigen könne, gerade nicht unvollziehbar gewe-

sen» (S. 527). Vgl. dazu Jan Badewien, Reinkarnation – Treppe zum Göttlichen?

63 Vgl. dazu die Bedeutung des Jahwe-Namens nach Ex 3: «Ich bin der, der für euch da ist» oder «da sein wird». Der Name ist keine **Seins**aussage, sondern spricht eine **Beziehung** an.

64 Franz Alt, Jesus – der erste neue Mann, München 1989; Hanna Wolff, Jesus als Psychotherapeut, Stuttgart 1978; Milan Machovec, Jesus für Atheisten, Stuttgart 1972; viele andere Titel ließen sich anführen.

65 Ein Zeichen dafür, daß dieses Defizit jetzt bearbeitet wird, ist das Buch von Andreas Rössler, Steht Gottes Himmel allen offen? Zum Symbol des kosmischen Christus, Stuttgart 1990.

66 Ein kleiner Versuch, verschiedene Methoden der Bibelauslegung vorzuführen und miteinander ins Gespräch zu bringen ist das «Votum des Theologischen Ausschusses der Arnoldshainer Konferenz» unter dem Titel «Das Buch Gottes. Elf Zugänge zur Bibel». Neukirchen-Vluyn 1992.

67 Das zeigt besonders das Buch des (Schul-)Psychologen Fritz Beckmannshagen, der über seine Erfahrung mit Waldorfschülern und -eltern in seiner psychologischen Praxis berichtet (Rudolf Steiner und die Waldorfschulen, 1984). Aus eigener Erfahrung schildert Charlotte Rudolph ihre Probleme mit der Waldorfschule: Waldorf-Erziehung. Wege zur Versteinerung, Darmstadt 1987.

68 Dem Autor sind viele Sorgen von Betroffenen in Seelsorgegesprächen anvertraut worden.

69 Zu Steiners Versuchen, seine Anthroposophie gegen Kritik von außen zu immunisieren, vgl. Jan Badewien, Anthroposophie, S. 214–218.

70 Wie christlich ist die Anthroposophie? Standortbestimmung eines evangelischen Theologen, S. 8. (Wie kann man «Standort» bestimmen, wenn der Standort des Autors nicht erfaßbar ist?)

71 Vgl. dazu meine Rezension im Deutschen Pfarrerblatt 1983.

72 Problematisch erscheint mir auch der Ansatz von Richard Geisen, Anthroposophie und Gnostizismus. Auch er meint, zuerst bisherige kirchliche Kritik an der Anthroposophie verwerfen zu müssen (ein Versuch, im Raum der Anthroposophie geneigte Leser zu finden?), um letztlich aber selbst ähnlich scharf und pointiert zu urteilen: indem er Anthroposophie als neue Form der Gnosis darstellt. Auf Geisens ausführliche Arbeit kann hier nicht weiter eingegangen werden, dazu müßte seine «Gnosis-These» diskutiert werden.

9. Literaturverzeichnis

9.1. Anthroposophische Literatur

9.1.1. Werke Rudolf Steiners

Gesamtausgabe (GA), Dornach, über 350 Bände.

Zitiert wurden folgende Werke Steiners (falls vorhanden nach den leichter zugänglichen Taschenbuchausgaben):

Allgemeine Menschenkunde als Grundlage der Pädagogik (= Erziehungskunst 1, 1919), Dornach 1979.
Aus der Akasha-Chronik (1904/5), Dornach 1975.
Aus der Akasha-Forschung: Das Fünfte Evangelium (1913/14), Dornach 1991.
Bibel und Weisheit (1908), Dornach 1943.
Christologie (Themen aus dem Gesamtwerk), hrsg. von H. Wilkens, Stuttgart 1986.
Christus und die geistige Welt. Von der Suche nach dem heiligen Gral, Dornach 1977.
Das Christentum als mystische Tatsache und die Mysterien des Altertums (1902), Dornach 1961.
Das Johannes-Evangelium (1908), Dornach 1985.
Das Lukas-Evangelium (1909), Dornach 1987.
Das Markus-Evangelium (1912), Dornach 1988.
Das Matthäus-Evangelium (1910), Dornach 1989.
Die Geheimwissenschaft im Umbruch (1910), Dornach 1987 (61.–80. Tsd.).
Die Offenbarungen des Karma (1910), Dornach 1989 (36.–45. Tsd.).
Die Philosophie der Freiheit (1894), Dornach 1981 (46.–65. Tsd.).
Durch den Geist zur Wirklichkeitserkenntnis der Menschheitsrätsel, Bd. 2, Dornach 1965, darin: Die Theosophie und das Geistesleben der Gegenwart, S. 13–20.
Ergebnisse der Geistesforschung (1912/13), Dornach 1989.
Gesundheit und Krankheit (Themen aus dem Gesamtwerk), hrsg. von O. Wolff, Stuttgart 1983.
Mein Lebensgang (1923–25), Dornach 1983.
Theosophen, in: Das Magazin für Litteratur, 1897, Sp. 1066.
Theosophie (1904), Dornach 1980 (61.–80. Tsd.).

Von Jesus zu Christus (1911), Dornach 1985.

Wege der Übung (Themen aus dem Gesamtwerk), hrsg. von St. Leber, Stuttgart 1989 (4. Aufl.).

Weihnachtsfeier (1914), Dornach 1977.

Wie erlangt man Erkenntnisse der höheren Welten (1904/5), Dornach 1981 (73.–92. Tsd.).

Wiederverkörperung (Themen aus dem Gesamtwerk), hrsg. von C. Kreuzer, Stuttgart 1982.

Wiederverkörperung und Karma und ihre Bedeutung für die Kultur der Gegenwart (1903–12), Dornach 1985.
    darin: Reinkarnation und Karma, vom Standpunkte der modernen Naturwissenschaft notwendige Vorstellungen (1903), S. 11–33.

9.1.2. Zitierte und weiterführende anthroposophische Literatur

Günter Altehage u.a.: Im Vorfeld des Dialogs. Erwiderungen der Waldorfschulen auf kritische Darstellungen von Kirchlicher Seite über Anthroposophie und Waldorfpädagogik, Stuttgart 1992.

Andreas Binder (Pseudonym!), Wie christlich ist die Anthroposophie? Standortbestimmung aus der Sicht eines evangelischen Theologen, Stuttgart 1989.

Emil Bock, Was will die Christengemeinschaft, Stuttgart 1960.

J. von Grone, Über die Verbindung mit Toten, in: Mitteilungen aus der anthroposophischen Arbeit in Deutschland, 17, 1951, S. 26f.

Gottfried Husemann, Rudolf Steiner und die Begründung der Christengemeinschaft, in: Mitteilungen aus der Arbeit der Anthroposophischen Gesellschaft in Deutschland, 22, 1952, S. 151–162.

Hans Erhard Lauer, Die Anthroposophie und die Zukunft des Christentums, Stuttgart 1966.

ders., Erkenntnis und Offenbarung in der Anthroposophie. Das Motiv der Trinität im Lebenswerk Rudolf Steiners, Basel 1958.

Stefan Leber (Hrsg.), Die Pädagogik der Waldorfschule und ihre Grundlagen, Darmstadt 1983.

Christof Lindenberg, Rudolf Steiner. Eine Chronik, Stuttgart 1988.

ders., Waldorfschulen: angstfrei lernen, selbstbewußt handeln, Reinbek 1975 (u. ö.).

Hans-Werner Schroeder, Die Christengemeinschaft. Entstehung – Entwicklung – Zielsetzung, Stuttgart 1990.

Walter Johannes Stein, Der Christus Jesus in der Lehre Rudolf Steiners, in: Die Drei, 1921, S. 15–28.

E. A. Karl Stockmeyer, Rudolf Steiners Lehrplan für die Waldorfschule. Versuch einer Zusammenschau seiner Angaben, Stuttgart
1976 (3. Aufl.).
Waldorfschule und Anthroposophie, Flensburger Hefte 15, Flens-
burg, 3. Aufl. 1989.
Gerhard Wehr, Rudolf Steiner. Wirklichkeit, Erkenntnis, Kulturimpuls, Freiburg 1982.
ders., Kontrapunkt Anthroposophie. Spiritueller Impuls und kulturelle Alternative, München 1993.
C. Wilson, Rudolf Steiner, München 1985.
Kurt von Wistinghausen, Die erneuerte Taufe, Stuttgart 1967.

9.1.3. Anthroposophische Zeitschriften

Das Goetheanum, Wochenschrift für Anthroposophie, Dornach seit
1921.
Die Drei, Zeitschrift zur Erneuerung von Wissen, Kunst und sozialem
Leben, Stuttgart, monatlich seit 1921.
Die Kommenden, Eine unabhängige Zeitschrift für geistige und so-
ziale Erneuerung, seit 1946.
Mitteilungen aus der Arbeit der Anthroposophischen Gesellschaft in
Deutschland.
Erziehungskunst, Stuttgart, monatlich.
Die Christengemeinschaft, Stuttgart, monatlich seit 1924.

9.2. Weitere Literatur

Jan Badewien, Anthroposophie. Eine kritische Darstellung, Konstanz
1985 (4. Aufl. 1990).
ders., Waldorfpädagogik – eine christliche Erziehung? Zur Rolle der
Anthroposophie an den Waldorfschulen, Konstanz 1987.
ders., Reinkarnation – Treppe zum Göttlichen?, Konstanz 1994.
Fritz Beckmannshagen, Rudolf Steiner und die Waldorfschulen. Eine
psychologisch-kritische Studie, Wuppertal 1984.
Richard Geisen, Anthroposophie und Gnostizismus. Darstellung,
Vergleich und theologische Kritik, Paderborn u. a. 1992 (= Pader-
borner Theol. Studien, Bd. 22).
Bernhard Grom, Anthroposophie und Christentum, München 1989.
Handbuch Religiöse Gemeinschaften, Hrsg. v. H. Reller im Auftrag

der VELKD, Gütersloh, 1978 (2 weitere Aufl.), darin: Anthroposophie, S. 502–529; und Die Christengemeinschaft, S. 285–300.

Friedrich Heyer, Anthroposophie, Konstanz 1993.

Traugott Kögler, Anthroposophie und Waldorfpädagogik, Neuhausen 1983.

Klaus Prange, Erziehung zur Anthroposophie. Darstellung und Kritik der Waldorfpädagogik, Bad Heilsbrunn, 1985.

Hans-Diether Reimer/Oswald Eggenberg, ... neben den Kirchen, Konstanz, 1980 (2. Aufl.), darin: H.-D. Reimer, Die Christengemeinschaft, S. 335–361.

Franco Rest, Waldorfpädagogik. Anthroposophische Erziehung als Herausforderung für öffentliche und christliche Pädagogik, Mainz-Stuttgart 1992 (Reihe ‹Unterscheidung›).

Charlotte Rudolph, Waldorf-Erziehung. Wege zur Versteinerung, Darmstadt 1987.

Hans-Jürgen Ruppert, Anthroposophie und ihre Praxis heute, in: Materialdienst der ev. Zentralstelle für Weltanschauungsfragen, Nr. 11/12, 1982, S. 3–19.

Helga Rusche, E. Emmert, K. Frör, Kirche und Anthroposophie, München 1950.

Wolfgang Schneider, Das Menschenbild der Waldorfpädagogik, Freiburg 1991.

Klaus von Stieglitz, Die Christosophie Rudolf Steiners, Witten 1955.

ders., Rettung des Christentums? Anthroposophie und Christengemeinschaft, Stuttgart, 1965.

Heiner Ullrich, Waldorfpädagogik und okkulte Weltanschauung. Eine bildungsphilosophische und geistesgeschichtliche Auseinandersetzung mit der Anthropologie Rudolf Steiners, Weinheim 1986.

Andreas Wolff, Das doppelte Gesicht der Waldorfpädagogik. Bemerkungen und Fragen zur Pädagogik Rudolf Steiners, Dortmund 1992.

Andreas Wolff und Michael Hoffmann, Waldorfpädagogik. Die Pädagogik Rudolf Steiners – Okkultes und Inszeniertes, Berlin 1990.

Heinz Zahrnt, Gotteswende, Christsein zwischen Atheismus und Neuer Religiosität, München 1989.

9.2.1. Kirchliche Papiere

Nordelbische Ev.-luth. Kirche: Die Waldorfschulen und ihr weltanschaulicher Hintergrund. Eine Orientierungshilfe. Verfaßt vom

Ausschuß der Kirchenleitung der Nordelbischen Ev.-Luth. Kirche für Weltanschauungsfragen, Kiel 1986 (2. Aufl.).

Württembergische Landeskirche: Zum Verhältnis des christlichen Glaubens zu Anthroposophie und Waldorfpädagogik. Eine Arbeitshilfe des Evangelischen Oberkirchenrats Stuttgart, 1988; grundlegend neu bearbeitet 2. Aufl. 1992.

Ausschuß für Jugend und Bildung der **Württembergischen Evangelischen Landessynode,** Die Waldorfschulen aus Evangelischer Sicht. Eine Orientierungshilfe, Stuttgart 1990.

Katholische Kinder in Waldorfschulen? Hrsg. von der AG der **Kath. Verbände** für Erziehung und Schule, 1987 (Faltblatt).

Evangelische Kirche und Christengemeinschaft. Bericht einer gemeinsamen Gesprächsgruppe, in: Materialdienst, hrsg. von der Ev. Zentralstelle für Weltanschauungsfragen, 9/1993, S. 266–275.

9.3. Leseempfehlungen

Wer sich mit Hilfe weiterführender Lektüre mit der Anthroposophie vertraut machen will, könnte angesichts der Fülle der Literatur schnell erliegen. So seien einige knappe Ratschläge gegeben.

Einen Einstieg in die Werke Steiners selbst bieten Taschenbücher, in denen vollständige Vorträge zu jeweils einem bestimmten Thema zusammengefaßt sind (vgl. oben in der Literaturliste «Christologie», «Gesundheit und Krankheit», «Wege der Übung», «Wiederverkörperung»). Zum Einstieg geeignet sind auch die Frühwerke Steiners «Wie erlangt man Erkenntnisse der höheren Welten», «Theosophie» und «Geheimwissenschaft im Umriß». Wer aber von Anfang an wissen möchte, zu welchen Zielen die anthroposophische Erkenntnis einmal führen soll, der beginne mit den beiden Bändchen «Aus der Akasha-Chronik» (Vorträge über die Welt- und Menschenentwicklung) und «Aus der Akasha-Forschung. Das Fünfte Evangelium». Sie enthalten viel Absonderliches, das zwar erst für Fortgeschrittene gedacht ist, doch ist zur Information nicht nur der Anfang eines Weges, sondern auch sein Ziel von Interesse!

Ausführlicher über die Anthroposophie informiert mein Buch: «Anthroposophie. Eine kritische Darstellung». Informativ und kritisch ist die gründliche Untersuchung von Bernhard Grom: «Anthroposophie und Christentum». Nach einer ausführlichen Darstellung der Lehre

Steiners formuliert Grom klare Anfragen von seinem (katholisch) kirchlichen Standpunkt aus.

Problematisch sind m. E. Versuche, die vermitteln wollen, wo sich doch zwei Wege auftun: die Bücher von Gerhard Wehr und «Andreas Binder» (angeblich ein Pseudonym eines evangelischen Theologen, verwendet aus «Rücksicht auf die Verantwortung», die ihm «durch seine kirchliche Tätigkeit auferlegt ist»![70]). Beide vertreten schon im Ansatz anthroposophische Positionen.

Für «Binder» ist das Fehlen der «Lehre von Reinkarnation und Karma» im Christentum ein Mangel, der erst durch die Anthroposophie ausgeglichen wird (S. 11). Binder behauptet «eine Entfernung des Menschen vom Christentum durch Entdeckung seiner aufklärerischen Denkleistungen und durch Entdeckung des eigenen Selbst. ... Die theologische Schwäche bestehe in der fehlenden Kongruenz zwischen menschlicher Freiheit und Erlösungsbedürftigkeit. Mit dieser Diagnose ist das Osterei versteckt, das dann von der Anthroposophie im Geiste Binders wiedergefunden und ausgebrütet wird» (so Franco Rest, Waldorfpädagogik, S. 114 zu «Binder»). Anthroposophie ist daher für «Binder» die zeitgemäße Antwort auf die Schwierigkeiten, mit denen die Kirche derzeit zu kämpfen hat. «Binder» ist «von der Überzeugung getragen, daß sich in der Anthroposophie Rudolf Steiners die ureigene Sache der Theologie zu Wort meldet: daß hier eine Lösung liegt für die Aporien, in die sich die Theologie in dieser Zeit mit innerer Zwangsläufigkeit verstricken muß». Die Anthroposophie «enthält Elemente eines neuen ‹Paradigmas› von Theologie» (Binder, Wie christlich ist die Anthroposophie, S. 12), ja, sie wird zum «Heilmittel werden für die offenkundige Krise des Christentums überhaupt» (ebd. S. 12).

Gerhard Wehr hat sich viele Male zur Anthroposophie schriftlich geäußert, besonders markant in den beiden Büchern, die im Literaturverzeichnis aufgeführt sind. Bei Wehrs Steiner-Biographie von 1982 fällt die unkritische Übernahme anthroposophischer Positionen auf, der Verzicht auf eine Distanz, die die Dimensionen zurechtrücken könnte[71]. Auch in seinem 1993 erschienenen Buch «Kontrapunkt Anthroposophie» benennt Wehr zwar die «neuralgischen Punkte» im Gespräch zwischen Kirche und Anthroposophie, läßt es aber bei dem unverbindlichen Nebeneinander. Er fragt nur nach der Art und Weise einer möglichen Harmonisierung: «Wie ist die biblische Vorstellung von der einmaligen Existenz des Menschen im Angesicht Gottes mit der Idee der wiederholten Erdenleben in Einklang zu bringen?»

(S. 100). Er redet zwar von «Solidarität auch auf getrennten Wegen» (S. 101) und von «kritischer Solidarität» (S. 104), betont aber die Legitimität eines Christentums neben den («offiziellen») Kirchen (S. 101. 103). Schließlich wird die Haltung zur Anthroposophie in die freie Beliebigkeit gestellt: «Aufgrund der durch das Evangelium verkündeten und eröffneten Freiheit des Christenmenschen ist es jedem anheimgestellt, die sich anbietenden Erkenntnismethoden anzuwenden und deren ins konkrete Leben umgesetzten Resultate zu nutzen» (S. 103). Das kann und darf nicht das letzte Wort von Theologie und Kirche sein, mit einer solchen Haltung der Beliebigkeit werden die Menschen in ihrer Begegnung mit der Anthroposophie vor Ort allein gelassen.

Wer akademisch kompetent und zugleich kritisch über Steiners Erkenntnisweise und über sein Menschenbild weiterarbeiten will, der greife zu Wolfgang Schneider, «Das Menschenbild der Waldorfpädagogik». Zur Waldorfpädagogik sind trotz mancher Kritik weiterhin gültig die Bücher von Fritz Beckmannshagen, Heiner Ullrich, Klaus Prange und der sehr persönliche Bericht von Charlotte Rudolph. Die Arbeit von Franco Rest zur Waldorfpädagogik leidet unter seiner Polemik gegen andere kirchliche Positionen – als würden die Vertreter der Anthroposophie danach eher zu einer freundlichen Aufnahme seiner z. T. sehr offenen Kritik (Anthroposophie eine «neugnostische Sekte», S. 95) bereit sein![72] Dennoch kann dies Buch empfohlen werden, versucht der Autor doch, konstruktiv auf die Pädagogik einzugehen unter gleichzeitiger scharfer Ablehnung der zugrundeliegenden anthroposophischen Weltanschauung.

Das Programm der Münchener Reihe